КУЛЬТУРА РУССКОЙ РЕЧИ

Учебное пособие для изучающих русский язык как иностранный

Допущено Учебно-методическим
объединением по направлениям
педагогического образования
Министерства образования и науки РФ
в качестве учебного пособия для
студентов высших учебных заведений,
обучающихся по направлению 050300
Филологическое образование

РУССКИЙ ЯЗЫК
КУРСЫ

Москва
2012

УДК   811.161.1
ББК   81.2 Рус-96
      К90

Авторский коллектив:
М.Б. Будильцева, Н.С. Новикова, И.А. Пугачёв, Л.К. Серова

К90   **Культура русской речи**: учебное пособие для изучающих русский язык как иностранный / М.Б. Будильцева, Н.С. Новикова, И.А. Пугачёв, Л.К. Серова. — М.: Русский язык. Курсы, 2012. – 232 с.

ISBN 978-5-88337-208-6

Учебное пособие знакомит с нормами современного русского литературного языка, функциональными стилями речи, особенностями употребления языковых средств в различных условиях речевой коммуникации.

Практические задания способствуют обогащению словарного запаса, закреплению грамматических и синтаксических конструкций, характерных для определённых ситуаций общения, развивают речевую культуру, помогают овладеть правилами речевого этикета.

Пособие адресовано иностранным студентам, владеющим русским языком в объёме I сертификационного уровня.

ISBN 978-5-88337-208-6

СОДЕРЖАНИЕ

ПРЕДИСЛОВИЕ

Предлагаемое учебное пособие адресовано лицам, для которых русский язык является иностранным. Это первое пособие такой адресации, ибо все существующие учебники по культуре русской речи ориентированы на носителей языка. Повышение уровня коммуникативной компетенции иностранных учащихся, формирование у них навыков и умений, позволяющих правильно использовать языковые средства в различных ситуациях общения в соответствии с нормами современного русского литературного языка, представляется необходимым: ведь именно адекватное речевое поведение в условиях неродной языковой среды позволяет иностранцу быть правильно понятым и не чувствовать себя «белой вороной» в реальных коммуникативных ситуациях.

Заметим также, что контингент тех, для кого русский язык является неродным, постоянно растёт: если раньше речь шла только об иностранцах из дальнего зарубежья, то сейчас в эту группу входят и иностранцы из ближнего зарубежья – мигранты, живущие и работающие на территории Российской Федерации. Для них подобный курс тоже может оказаться весьма полезным.

Пособие включает материал, помогающий решить ряд конкретных задач, связанных со спецификой восприятия явлений русского языка иностранцами. Это преодоление трудностей разных языковых уровней, характерных для иностранной аудитории в целом; преодоление интерференции, вызванной влиянием родного языка или языка-посредника; формирование лингвокультурологической компетенции с учётом сходств и различий языковых картин мира носителей русского языка и других языков; предупреждение «культурного шока», возникающего в результате недостаточного внимания к проблемам межкультурной коммуникации.

По замыслу авторов, пособие должно прежде всего сформировать у учащихся чёткое представление о культуре русской речи, об устном и письменном речевом этикете. Поэтому оно содержит необходимые сведения о нормах современного русского литературного языка (орфоэпических, морфологических, словообразовательных, лексических и синтаксических) и различных функциональных стилях. В отличие от существующих книг по культуре речи, ориентированных на русскоговорящих учащихся, в предлагаемом пособии делается особый акцент на особенностях разговорной речи, на стандартных этикетных формах, используемых в реальных речевых ситуациях. Особое внимание уделяется также такому актуальному аспекту предмета, как правила оформления некоторых видов документов.

Пособие включает одиннадцать наиболее значимых, по мнению авторов, тем. В каждой теме содержится необходимый минимум изложенных в простой и доступной форме теоретических сведений, а также практические задания, направленные на формирование соответствующих навыков и умений.

Тема 1 — **«Русский язык в современном мире»** — даёт студенту представление о современном русском литературном языке, о его основных функциях, о месте русского языка среди других языков мира.

Тема 2 — **«Орфоэпические нормы»** — помогает иностранцам преодолеть трудности произношения русских звуков, предотвратить серьёзные ошибки, ведущие к непониманию или искажению смысла высказывания. Большое количество упражнений нацелено на различение омографов, на постановку норм ударения в иностранных словах (где иностранцы часто допускают ошибки вследствие влияния родного языка), на коррекцию наиболее типичных ошибок, допускаемых иностранцами при звуковом оформлении своего высказывания.

Тема 3 — **«Морфологические нормы»** — охватывает трудные для иностранцев случаи, связанные с образованием и употреблением форм имён существительных, имён прилагательных и местоимений.

Тема 4 — **«Морфологические нормы»** (*продолжение)* — описывает нормы употребления имён числительных, наречий и глаголов. Здесь акцент делается на одной из самых трудных для иностранцев тем — «Виды глагола», при этом рассматриваются сложные случаи употребления видов.

Тема 5 — **«Морфологические нормы»** (*окончание)* — посвящена трудным случаям выбора предлога (речь идёт о предлогах *на, для, за, от,* которые часто неправильно используются иностранцами), функционированию в речи таких важных элементов, как частицы и междометия (которые практически не изучаются в стандартных курсах РКИ).

Тема 6 — **«Словообразовательные нормы»** — знакомит иностранных учащихся с наиболее продуктивными моделями образования имён существительных от других частей речи, имён прилагательных (в том числе при помощи суффиксов, придающих слову определённые стилистические и эмоционально-экспрессивные оттенки), а также глаголов (рассматриваются некоторые наиболее активные однокоренные гнёзда).

Тема 7 – «**Лексические нормы**» – посвящена основным правилам соблюдения лексических норм – важнейшего условия правильной, точной и выразительной речи. Тема охватывает такой важный аспект, как точность словоупотребления. Тут особое внимание уделяется близким по звучанию однокоренным и неоднокоренным словам, многозначным словам, словам-интернационализмам, которые сосуществуют в языке с исконно русскими словами, но не тождественны им по значению, а также «ложным друзьям переводчика». В этой же части пособия отрабатывается достаточно трудный для студентов-иностранцев материал – стандарты лексической сочетаемости. Завершают тему упражнения на понимание и употребление наиболее частотных фразеологизмов, пословиц и поговорок, что особенно важно для формирования культурологической компетенции в изучаемом языке.

Тема 8 – «**Синтаксические нормы**» – обучает студентов правилам составления словосочетаний (с акцентом на трудные случаи глагольного управления) и предложений (особенно тех, структура которых трудна для иностранцев – как, например, предложений с обратным порядком слов).

Тема 9 – «**Функциональные стили, подстили речи, жанры**» – даёт иностранным учащимся общее представление об особенностях и своеобразии каждого из пяти стилей речи.

Тема 10 – «**Официально-деловой стиль речи**» – знакомит учащихся с типовой структурой некоторых документов, с их орфографическими, грамматическими и лексическими особенностями, обучает иностранцев составлению таких важных документов, как заявление, объяснительная записка, доверенность, автобиография и резюме.

Тема 11 – «**Разговорный стиль речи**» – включает описание фонетических, лексических, морфологических и синтаксических особенностей разговорной речи, основных стандартов речевого этикета, а также этикета телефонного разговора. Данная тема, на наш взгляд, необходима тем, для кого русский язык является неродным: не обладая знаниями в области речевого этикета, иностранцы допускают множество ошибок, воспринимаемых подчас носителями языка как недостаток вежливости.

Широкий спектр предлагаемых тем и типов заданий позволяет преподавателю использовать гибкий подход к материалу в зависимости от уровня группы и конкретных целей обучения.

Тема 1

РУССКИЙ ЯЗЫК В СОВРЕМЕННОМ МИРЕ

1. Современный русский литературный язык. Языковые нормы

Понятие **современный русский литературный язык** состоит из четырёх элементов.

Язык — это система знаков, которая используется для получения, накопления и передачи информации. Язык является средством общения между людьми, он возникает в определённом обществе и развивается вместе с ним. В языке, как в зеркале, отражается культура и традиции народа. Изучая другой язык, мы узнаём новый мир. В любом языке есть слова, которые трудно перевести на другой язык, потому что они обозначают предметы и понятия, существующие только в традиции одного народа. Например, русское слово «матрёшка» — один из символов русской культуры. Матрёшка — это несколько деревянных кукол, которые помещены друг в друга. В русско-английском словаре это слово переводится так: "Russian doll (containing range of smaller dolls)".

Язык выполняет в обществе разные ф у н к ц и и . Основные функции языка — когнитивная, коммуникативная, аккумулятивная и эмоциональная.

Основные функции языка

№	Функция	Значение
1	Когнитивная (познавательная)	Получение новых знаний о мире
2	Коммуникативная	Обмен информацией в процессе общения
3	Эмоциональная (экспрессивная, волюнтативная)	Воздействие на собеседника, выражение чувств и эмоций
4	Аккумулятивная	Накопление знаний

Литературный язык — это письменная форма языка, которая строится в соответствии с определёнными нормами. **Нормы** языка — это правила образования и употребления слов и грамматических конструкций. Есть нормы о р ф о э п и ч е с к и е (постановка ударения и произношение слов), л е к с и ч е с к и е (знание значений слов), г р а м м а т и ч е с к и е (морфологические и синтаксические) и о р ф о г р а ф и ч е с к и е (правильное написание слов).

Языковые нормы закрепляются в словарях и справочниках. Один из самых известных словарей современного русского литературного языка — «Словарь русского языка» С.И. Ожегова и Н.Ю. Шведовой. Это толковый словарь, дающий объяснение значений более 70 000 слов русского языка. В этом словаре можно также найти много полезной информации о правильном ударении, об изменении слов (указаны, например, падежи существительных, формы глаголов). В словаре даны примеры употребления слов в речи. Вот как объясняется значение слова **экза́мен**.

ЭКЗА́МЕН, -а, *м.* **1.** *по чему.* Проверочное испытание по какому-н. учебному предмету. *Принять, сдать, выдержать э. Э. по физике. Государственные экзамены* (выпускные экзамены в высших и средних учебных заведениях). **2.** *на кого-что.* Проверка знаний для получения какого-н. звания, специальности, должности. *Э. на домашнюю учительницу* (устар.). *Э. на чин* (устар). **3.** *перен., на что.* Вообще проверка, испытание. *Э. на мужество.* || *прил.* **экзаменацио́нный**, -ая, -ое (к 1 и 2 знач.). *Экзаменационная сессия.*

Задание 1. Прочитайте ещё раз объяснение слова **экзамен**, приведённое выше. Найдите в правой колонке слова, которые соответствуют сокращениям из левой колонки.

какому-н.	мужской род
э.	второе значение
м.	переносное значение
какого-н.	какого-нибудь
перен.	какому-нибудь
устар.	устарелое (слово)
2 знач.	экзамен

На литературном языке пишут книги и газеты, составляют документы, говорят дикторы радио, телевидения и все образованные люди. Но в русском языке есть разновидности, которые не относятся к литературному языку: это диалекты, жаргон и просторечие.

Нелитературные разновидности языка

Разновидность языка	Комментарий	Пример
Диалект	Характерен для определённой территории.	*Поéхал к сестры́* (вместо *к сестрé*).
	Особенное произношение, например северное.	[*хорошó*] вместо [*хърʌошó*]
Жаргон	Характерен для одной социальной или профессиональной группы людей.	*Клáва* — клавиатура компьютера; *тормозúть* — плохо понимать что-либо.
Просторечие	Нарушение языковых норм, территориально и социально не ограничено.	*Транвáй* и *тролéбус* (вместо *трамвáй* и *троллéйбус*).

ЗАПОМНИТЕ!

Литературный язык — это нормированный общенациональный язык.

Задание 2. *Найдите в правой части таблицы определения для понятий из левой части.*

Диалект	– разновидность языка, не подчиняющаяся общим правилам и не ограниченная территориально.
Жаргон	– разновидность языка, характерная для жителей определённого региона.
Просторечие	– разновидность языка, свойственная определённой социальной или профессиональной группе людей.

Культура речи — это владение нормами литературного языка, умение правильно выбирать языковые средства в разных ситуациях общения.

В литературном языке выделяют функциональные стили. **Функциональный стиль** — это разновидность литературного языка, которая обслуживает определённую сферу общественной жизни. В современном русском литературном языке выделяют пять функциональных стилей:

— н а у ч н ы й стиль (сфера научного и учебного общения);

— п у б л и ц и с т и ч е с к и й стиль (сфера общественно-политических отношений);

— о ф и ц и а л ь н о - д е л о в о й стиль (сфера правового и административно-делового общения);

— х у д о ж е с т в е н н ы й стиль (сфера художественной литературы);

— р а з г о в о р н ы й стиль (сфера повседневного общения).

Более подробно функциональные стили современного русского языка мы будем рассматривать далее (*см. Тему 9*).

2. Место русского языка в системе языков мира

Языки мира группируются в семьи языков, семьи делятся на группы (или ветви) и подгруппы. Языки одной семьи имеют больше сходства, чем языки разных семей. Русский язык входит в в о с т о ч н о с л а в я н с к у ю подгруппу с л а в я н с к о й группы и н д о е в р о п е й с к о й семьи языков.

Основные языковые семьи

Языковая семья	Языки
Индоевропейская	*см. табл. «Индоевропейская семья языков» (с. 11)*
Финно-угорская	финский, венгерский, эстонский, мордовский, коми, ханты и др.
Тюркская	турецкий, туркменский, азербайджанский, татарский, башкирский, казахский, киргизский, узбекский, чувашский и др.
Монгольская	монгольский, бурятский, калмыцкий и др.

Семитская	арабский, амхарский, арамейский, коптский, языки Северной, Восточной и Центральной Африки (хауса, сомали и др.), иврит
Нигеро-конголезская	языки Африки от Сенегала до ЮАР (банту, суахили и др.)
Китайско-тибетская	китайский, тибетский, тайский, бирманский и др.
Кавказская	грузинский, абхазский, адыгейский, чеченский и др.
Аустроазиатская	вьетнамский, кхмерский
Малайско-полинезийская	малайский, малагасийский, полинезийские и папуасские языки

Японский и корейский языки не входят ни в какие группы.

Индоевропейская семья языков

Группа	Языки
Славянская	*см. табл. «Славянская группа языков» (с.12)*
Балтийская	латышский, литовский
Романская	латинский; итальянский, испанский, французский, португальский, румынский, молдавский, каталанский и др.
Германская	английский, немецкий, шведский, датский, норвежский, голландский, африкаанс, идиш и др.
Кельтская	ирландский, шотландский, уэльский и др.
Греческая	древнегреческий; новогреческий
Индийская	хинди, урду, бенгальский, цыганский и др.
Албанская	албанский
Армянская	армянский
Иранская	осетинский, персидский, таджикский, курдский и др.

Задание 3. *Используя данные таблиц «Основные языковые семьи» и «Индоевропейская семья языков» (с. 10–11), определите, к какой семье (группе) языков относится ваш родной язык.*

Славянская группа языков делится на три подгруппы: в о с т о ч н о с л а в я н с к у ю, з а п а д н о с л а в я н с к у ю и ю ж н о с л а в я н с к у ю. На славянских языках говорит около 300 миллионов человек.

Славянская группа языков

Подгруппа	Языки
Восточнославянская	русский, украинский, белорусский
Западнославянская	польский, чешский, словацкий и др.
Южнославянская	болгарский, сербский, хорватский, македонский, словенский

Самыми близкими к русскому языку являются белорусский и украинский. Исследования учёных показали, что процент общей лексики славянских языков очень высок:

92 % общей лексики в русском и белорусском;

86 % общей лексики в русском и украинском;

77 % общей лексики в русском и польском;

74 % общей лексики в русском и чешском, словацком, болгарском, словенском;

71 % общей лексики в русском и сербском;

70 % общей лексики в русском и македонском языках.

Если мы возьмём русское слово *вода́*, то в украинском, белорусском и болгарском языках мы находим то же слово *вода́*, в сербском *во̀да*, в словенском *vóda*, в чешском и словацком *voda*, в польском *woda*. Вы видите, что слова пишутся по-разному, так как используются разные алфавиты.

Русский алфавит (азбука) называется к и р и л л и ц е й, по имени славянского учёного-просветителя Кирилла, который создал её на основе греческого письма в конце IX — начале X века. Народы Западной Европы пользуются другим алфавитом — л а т и н и ц е й.

Русский язык является государственным языком Российской Федерации, это язык межнационального общения государств — членов Содружества Независимых Государств (СНГ). На русском языке говорит около 250 миллионов человек в мире (около 143 миллионов человек в Российской Федерации).

Русский язык — язык международного общения, один из шести официальных языков Организации Объединённых Наций (ООН). Все официальные документы ООН распространяются на английском, французском, испанском, арабском, китайском и русском языках.

По распространённости русский язык занимает п я т о е м е с т о в мире после китайского, английского, хинди (и урду) и испанского языков.

Итак, мы рассмотрели понятие *язык* и определили, что такое *русский литературный язык*. Что же такое *современный* язык?

Понятие **современный русский язык** обычно рассматривают двояко. В узком смысле это язык конца XX — начала XXI века, то есть язык, на котором говорят и пишут живущие в наше время люди — носители языка; в широком смысле это язык «от Пушкина до наших дней», то есть сложившаяся фонетическая, грамматическая и лексическая система, которая имеет определённые особенности и правила.

Исторически в основе русского языка лежит древнерусский язык, выделившийся как самостоятельный к VII веку нашей эры. Фонетическая система русского языка формируется на базе московского диалекта в XVII — начале XVIII века. Складывается русский национальный язык. Важную роль в формировании русского языка сыграл известный учёный Михаил Васильевич Ломоносов (1711—1765), он написал на русском языке первую «Российскую грамматику». Большое значение для формирования единого русского языка имело творчество Александра Сергеевича Пушкина (1799—1837), который в своих произведениях объединил народный и литературный язык. А.С. Пушкина называют создателем русского национального языка.

3. Особенности русского языка

Каковы **лингвистические особенности** русского языка и почему русский язык считают одним из самых сложных языков мира? Рассмотрим основные ф о н е т и ч е с к и е , г р а м м а т и ч е с к и е и л е к с и ч е с к и е особенности.

Фонетические особенности русского языка

1	Консонантизм	В русском языке 36 согласных и только 6 гласных звуков, т. е. согласные звуки преобладают.
2	Переднеязычный характер артикуляции	Звук обычно образуется в передней части артикуляционного аппарата.
3	Деление согласных на твёрдые и мягкие	Различение слов типа *был – бил, лук – люк, рад – ряд.*
4	Деление согласных на глухие и звонкие, оглушение конечных звонких согласных	Различение слов типа *дом – том, бар – пар;* произношение глухих согласных в конце слова вместо звонких: *друг – дру[к].*
5	Редукция гласных	Качественное изменение гласных в безударной позиции: *хорошо́ – [хър\шо́].*
6	Подвижное ударение	Изменение ударения в разных формах одного слова: *голова́ – головы́ – го́ловы – голо́в.*
7	Смыслоразличительный характер интонации	Интонация различает фразы типа *Он студе́нт. – Он студе́нт?*

Задание 4. Прочитайте примеры и скажите, какие фонетические особенности русского языка в них отражаются.

1) Волна́ – волны́ – во́лны; бы́ло – была́ – бы́ли. 2) Го́ро**д**, помо́**г**, стол**б**, Ивано́**в**, му**ж**. 3) М**ы**л – м**и**л; м**о**л – м**ё**л; м**а**л – м**я**л. 4) Том живёт в Москве́. Том живёт в Москве́? 5) Рабо́чие мо**ст стро́**ят. 6) М**о**локо́, т**е**леви́**з**ор, э**кз**а́мен.

Грамматические особенности русского языка

1	Флективный язык синтетического типа	Слова имеют флексии (окончания): падежные окончания существительных и прилагательных (*большо́й стол, большо́го стола́, большо́му столу́...*), личные окончания глаголов (*чита́ю, чита́ешь, чита́ет...*).

2	Сильная морфология	Происходят сложные процессы внутри слова при образовании форм: *помо́чь – помогу́, люби́ть – люблю́, оте́ц – отца́, мать – ма́тери.* Изменяются многие иностранные слова: *есть га́мбургеры и пить ко́ка-ко́лу.*
3	Множество вариантов словообразования	Большое количество префиксов, суффиксов и их комбинаций: *ду́мать – поду́мать, приду́мывать – приду́мать, заду́мать, переду́мать, вы́думать.*
4	Свободный порядок слов в предложении	Возможное изменение положения членов предложения, постановка субъекта в середине или конце предложения. *Я вас люблю́. Я люблю́ вас. Вас я люблю́. Люблю́ я вас.*

Задание 5. *Прочитайте примеры и скажите, какие грамматические особенности русского языка в них отражаются.*

1) Писа́ть, **за**писа́ть, **вы́**писать, **пере**писа́ть, **с**писа́ть, **до**писа́ть. 2) Пишу́ – пи́ш**ешь** – пи́ш**ет** – пи́ш**ем** – пи́ш**ете** – пи́ш**ут**. 3) Мне нра́вится матема́тика. Матема́тика мне нра́вится. 4) Одна́ дочь – две до́чери; иностра́н**ец** – иностра́нцы. 5) Письмо́ – **пере**пи́ска, **за**пи́ска, **вы́**писка, **рас**пи́ска, пи́сьменный, **бес**пи́сьменный. 6) Он хорошо́ говори́т по-ру́сски. Говори́т он по-ру́сски хорошо́. 7) Письмо́ – пи́сьм**а** – письму́ – письмо́**м** – о письме́. 8) Рис**ова́**ть – рису́ю; жить – живу́; купи́ть – ку**пл**ю́.

Лексические особенности русского языка

1	Богатство и выразительность лексики, развитая синонимия	Большое количество синонимов, которые выражают оттенки значений: *хорошо́, непло́хо, неду́рно, сла́вно, ла́дно, здо́рово* и т. п.
2	Открытый характер лексической системы	Большое количество заимствований из других языков, постоянное обновление лексики. Например, из английского языка пришли слова *компью́тер, марке́тинг, бренд* и т. д.

Говоря о лексической системе русского языка, отметим, что при переводе русских слов на другие языки возможны различные варианты.

№	Вариант соответствия	Пример перевода на английский язык
1	Слово имеет один вариант перевода	декáн = dean
2	Русское слово похоже по форме, но имеет другое значение	декáда = 10 дней decade = 10 лет
3	Одно русское слово имеет два варианта перевода	мир = peace/world
4	Два русских слова имеют один вариант перевода	голубóй/сúний = blue

Задание 6. *Объедините слова в группы синонимов.*

1) Красивый, умный, смелый, прекрасный, храбрый, неглупый, отважный, симпатичный, мудрый.
2) Учиться, говорить, обучаться, разговаривать, заниматься, беседовать.
3) Учитель, пример, образец, преподаватель, модель, педагог.
4) Весёлый, грустный, радостный, печальный.
5) Быстро, неспешно, скоро, медленно.
6) Спешить, торопиться, медлить, тянуть (время).
7) Прекрасный, ужасный, отличный, страшный.
8) Друг, враг, приятель, противник, неприятель, товарищ.

Итак, мы познакомились с понятием **современный русский литературный язык**. Мы узнали о том, какое место среди языков мира занимает русский язык и какие фонетические, грамматические и лексические особенности отличают его от других языков. Более подробно мы рассмотрим особенности современного русского литературного языка в следующих разделах пособия.

Тема 2

ОРФОЭПИЧЕСКИЕ НОРМЫ

Орфоэпические нормы — это правила постановки ударения и произношения.

1. Нормы постановки ударения

Русский язык характеризуется р а з н о м е с т н ы м и п о д в и ж н ы м ударе-нием. Что такое разноместное ударение? Каждый иностранец, начавший изучать русский язык, обращает внимание на то, что одни русские слова имеют ударение на первом слоге, другие — на втором, третьи — на третьем и т. д., то есть при знакомстве с каждым новым словом необходимо одновременно запоминать место ударения. Кроме того, при изменении грамматической формы некоторых слов, например при склонении существительных или при спряжении глаголов, ударение может меняться. Такие случаи также приходится запоминать. Эта особенность русской фонетики носит название «подвижное ударение».

При постановке ударения есть две важные проблемы.

Первая связана с необходимостью различать так называемые с е м а н т и ч е с к и е в а р и а н т ы ударения. Дело в том, что в русском языке существуют такие пары слов, в которых место ударения прямо связано с их значением и употреблением. Эти слова получили название **омографов**. Например: о́стро (на вкус) и остро́ (т. е. остроумно), языко́вый (о блюде, сделанном из языка) и языково́й (о явлении, единице, ошибке).

☛ *Задание 1. Прочитайте пары прилагательных-омографов. Обратите вни-мание на то, как зависит их значение и употребление от места ударения. В случае затруднения проверьте себя по словарю. Составьте словосочетания с этими словами.*

Языко́вый – языково́й; вре́менный – временно́й; за́нятый – занято́й; ра́звитый – развито́й.

Вторая проблема — это правильная постановка ударения в словах с интернациональными корнями. Следует помнить, что место ударения во многих таких словах в русском языке не совпадает с местом ударения в соответствующих им словах в других языках.

В русском языке есть словообразовательные модели с так называемым постоянным ударением, которые помогут вам научиться правильно произносить многие слова-интернационализмы. Перечислим некоторые из них.

1) Существительные женского рода, оканчивающиеся на -логия, имеют ударения на слоге -ло-. Это, как правило, слова, обозначающие различные науки, научные направления и некоторые другие сферы человеческой деятельности: филоло́гия, техноло́гия и т. п.

2) Существительные женского рода на -ция имеют ударение на третьем слоге от конца: информа́ция, проклама́ция и т. п.

3) Среди существительных женского рода на -ия нет единообразия с точки зрения места ударения: в одних ударение падает на третий слог от конца, в других — на и, то есть на предпоследний слог. Например: кинематогра́фия, но индустри́я. Поэтому произношение конкретных слов данной модели необходимо запоминать.

4) В сложных существительных женского рода со вторым корнем -сфер(а) ударным является предпоследний слог: атмосфе́ра и т. п.

5) Одушевлённые существительные мужского рода, обозначающие профессию, специальность, род занятий и оканчивающиеся на -олог, имеют ударение на предпоследнем слоге: фило́лог, антропо́лог и т. п.

6) В похожих на них неодушевлённых существительных мужского рода, оканчивающихся на -лог, ударение падает на последний слог: диало́г и т. п.

7) В существительных мужского рода (как одушевлённых, так и неодушевлённых) с основой на -тор ударным является предпоследний слог: реда́ктор, реа́ктор и т. п.

8) В прилагательных, имеющих суффикс -ическ-, ударным является гласный и: филологи́ческий, экономи́ческий и т. п.

9) Аналогично в прилагательных с суффиксом -ичн- ударение падает на гласный и: эконом́ичный, логи́чный и т. п.

Задание 2. *Прочитайте слова-интернационализмы с правильным ударением. В случае затруднения проверьте себя по словарю. Распределите слова в таблице в зависимости от их ритмической модели. Сравните их произношение с произношением соответствующих слов в родном языке (языке-посреднике).*

18

Авиация, инженерия, астрономия, индустрия, металлургия, симметрия, асимметрия, аналогия, энергия, симпатия, теория, мелодия, луна, эпоха, гипотеза, орбита, пирамида, атом, аналог, экватор, метод, астроном, транспорт, философ, период, сантиметр, принцип, автомобиль, спонсор, импульс, килограмм, экспорт, атомный, автономный, импортный, аналогичный.

Ритмическая модель	Пример
та́-та	
та-та́	
та́-та-та	
та-та́-та	
та-та-та́	
та-та́-та-та	
та-та-та́-та	
та-та-та-та́	
та-та-та́-та-та	
та-та-та-та́-та	

Задание 3. *Следуя правилам, изложенным выше, поставьте ударение в словах-интернационализмах. Произнесите их. Дополните каждую группу примеров словами аналогичной ритмической модели.*

1) а. геология, психология, экология, астрология…
   б. физиология, антропология…
2) а. дедукция, реакция, позиция, миграция…
   б. интеграция, инвестиция, эволюция, депортация, презентация, экспозиция…
3) а. симметрия, стратегия, рефлексия…
   б. философия, география, агрономия, бижутерия…
   в. асимметрия, логопедия…
4) гидросфера, стратосфера, ноосфера…
5) а. геолог, эколог, психолог, астролог…
   б. физиолог, антрополог…

6) диалог, монолог, полилог, эпилог...

7) а. автор, фактор, вектор, трактор, доктор...

   б. прожектор, инспектор, инвестор, конструктор...

   в. авиатор, навигатор...

8) а. геологический, психологический, экологический, астрологический, географический, теоретический, автоматический, металлургический...

   б. физиологический, антропологический...

9) а. логичный, комичный...

   б. симметричный, энергичный, симпатичный, эксцентричный...

   в. экологичный, патриотичный...

2. Нормы произношения гласных

Особенностью русского произношения является то, что в безударном положении гласные подвергаются р е д у к ц и и , то есть качественным и количественным изменениям. К а ч е с т в е н н а я редукция – это изменение характера звучания гласного, его тембра, например произношение [*вада́*] вместо [*вода́*]. К о л и ч е с т в е н н а я редукция – это уменьшение длительности и силы безударного гласного.

Основные правила произношения безударных гласных, подвергающихся качественной редукции

1. а) В первом предударном слоге и в абсолютном начале и конце слова на месте букв *л* и *о* произносится звук [**а**]. Он отличается от ударного [**а**] меньшей длительностью и меньшей активностью артикуляции. В транскрипции его обозначают как [∧]: *в[∧]да́, к[∧]ро́ва,[∧]кно́, [∧]зо́т, шко́л[∧].*

   б) В остальных безударных слогах на месте букв *л* и *о* произносится краткий звук, средний между [**ы**] и [**а**], обозначаемый как [**ъ**]: *м[ъ]л[∧]ко́, ра́д[ъ]сть.*

2. а) После мягких согласных в начале слова и в первом предударном слоге на месте букв *е*, *я*, а также *л* (после *ч* и *щ*) произносится звук, средний между [**и**] и [**е**] — [**и**ᵉ]: *[й**е**]зда́, [й**е**]зы́к, в[и**е**]сна́, ч[и**е**]сы́, щ[и**е**]ди́ть, п[и**е**]та́к, вз[и**е**]ла́, сн[и**е**]ла́.*

б) В остальных безударных слогах на месте букв *е, я*, а также *а* (после *ч* и *щ*) произносится очень краткий редуцированный и-образный звук, обозначаемый как [ь]: *в[ь]лика́н, п[ь]тачо́к, пло́щ[ь]дь, ч[ь]стота́.*

в) Что касается позиции *е* в конце слова, то здесь качество произносимого гласного не изменяется: *в шко́л[е], чита́йт[е].*

3. В словах иноязычного происхождения, не вошедших в широкое употребление, наблюдаются специфические особенности произношения. Например, в некоторых нарицательных существительных, а также именах собственных возможно отсутствие качественной редукции безударных гласных:

а) на месте буквы *о* произносится гласный [о] без характерной для русских слов редукции: *б[о]рдо́, т[о]рна́д[о], Ме́хик[о], три́[о], То́ки[о];*

б) в заимствованных словах на месте букв *е* и *я* во всех предударных слогах могут произноситься нередуцированные гласные: *геноци́д – [г'э]ноци́д, ко́фе глясе́ – [гл'а]се́.*

Задание 4. *Прочитайте слова, следуя правилам произношения безударных гласных, изложенным в пп. 1, 2 (см. с. 20–21). Подчеркните в словах гласные, которые изменяют своё качество.*

1) Модель, момент, мотор, контроль, объект, озон, продукт, протон, процесс, процент, прогноз, монтаж.
2) Автор, символ, метод, атом, космос, фактор, транспорт, провод.
3) Компонент, океан, оборот.
4) Проблема, программа, орбита.
5) Пропорция, парабола, коррозия, продукция, молекула.
6) Потенциал, апробировать, аналогичный, пропорционально.
7) Гектар, ремонт, нейтрон, ресурс.
8) Период, секунда, реальность, характер, являться.
9) Результат, телескоп, механизм, регион.
10) Реакция, гипотеза, механика, явление.
11) Реактивный, регулярный, специальный, теорема, ядовитый.
12) Температура, коэффициент.

Задание 5. *Прочитайте заимствованные слова, в которых сохраняется произношение [о], [э] в безударной позиции.*

Бомо́нд, кака́о, баоба́б, три́о, ра́дио, а́удио, ви́део, зоомагази́н, метеобюро́,
Оноре́, Оте́лло, Па́ко, Ка́стро, Хонсю́, Оаха́ка.

3. Нормы произношения согласных

Большинство русских согласных образуют пары по признакам г л у х о -
с т и – з в о н к о с т и, т в ё р д о с т и – м я г к о с т и. В связи с этим необходимо
помнить, что: а) чёткое произношение глухих и звонких, твёрдых и мягких
согласных имеет большое значение с точки зрения различения смысла
слов; б) в определённых позициях происходит изменение произношения
согласных звуков.

1. В конце слов на месте парных з в о н к и х согласных должны произноситься
соответствующие им г л у х и е .

Задание 6. *Произнесите правильно слова, обращая внимание на конечный
согласный звук.*

Газ, куб, анализ, аналог, багаж, метод, синтез, юг, монтаж, период, диалог,
прогноз, код, эпатаж, ромб, пейзаж.

2. Т в ё р д о с т ь — м я г к о с т ь согласного является важнейшим признаком,
который нередко помогает различать смысл слов в русском языке.

Задание 7. *Прочитайте пары слов, обращая внимание на конечный согласный
звук. Уточните значение каждого слова и составьте словосочетания
или предложения с этими словами.*

стал – сталь	вес – весь	быт – быть
угол – уголь	суд – суть	жар – жарь

3. В словах-интернационализмах существует проблема твёрдости — мягкости согласного перед буквой *е*. В большинстве таких слов согласные перед *е* смягчаются. Однако есть много случаев, когда предшествующий согласный остаётся твёрдым. Поэтому произношение каждого нового слова следует проверять по словарю и запоминать.

Задание 8. *Прочитайте слова-интернационализмы. Распределите их в таблице по признаку твёрдости – мягкости согласного, предшествующего букве е. В случае затруднения проверьте себя по словарю.*

Конгресс, пресса, крем, шедевр, прогресс, термин, теория, бизнес, дециметр, идея, темп, текст, тест, модель, энергия, гипотеза, тезис, теорема, деформация, рейтинг, кодекс, планета, потенциальный, компетентный, ретро, компонент, индекс, эстетика, дельта, реликвия, патент, инерция, нейтральный, музей, интеграл, кузен, дебаты, синтез, материя, телескоп, тенденция.

Твёрдый согласный перед Е	Мягкий согласный перед Е

4. Ещё одной особенностью русской орфоэпии является ассимиляция, или уподобление согласных, стоящих рядом внутри слова или на стыке слов.

1) Сочетания согласных *сш* и *зш* произносятся как долгий твёрдый [шш], а сочетания *сж* и *зж* как долгий [жж].

Сочетания *сч*, *зч* и *жч* произносятся как долгий мягкий [шш] или [шч].

Задание 9. *Прочитайте слова и словосочетания, обращая внимание на ассимиляцию согласных. Напишите, как произносятся выделенные буквы.*

Сжатие, вы**сш**ий, **сж**игать, бе**сш**умный, **сж**имать, ма**сш**таб, ни**зш**ий, разъе**зж**аться, происшествие, уе**зж**ать, сума**сш**едший, прие**зж**ать, **с Ж**еней, бе**зж**алостный, му**жч**ина, **с ч**аем, **сч**ёт, **сч**астье, и**сч**езнуть, **сч**итать, ра**сч**ёт, ре**зч**е, перево**зч**ик, **сч**астливый, **с Ч**еховым.

> 2) Буква *г* произносится как [х] перед [к] и [ч] и как [х'] перед [к']. В конце слова произношение звука [х] на месте буквы *г* не является литературным, например: *сне[х]*. Исключение составляет слово **Бог**, которое произносится со звуком [х] на конце: *Бо[х]*. Но в формах косвенных падежей этого слова произносится [г]: *Бо́[г]а*. В словах **бухга́лтер**, **Го́споди** и в междметиях *ага́*, *ого́* буква *г* произносится как фрикативный щелевой звук [γ].

Задание 10. *Прочитайте слова, обращая внимание на произношение буквы г.*

1) Мягкий, мягкость, мягче, мягко, лёгкий, лёгкость, легче, легко, облегчить, смягчить, облегчённый, смягчение.
2) Утюг, сапог, смог, без ног, строг.
3) Бог, бухгалтер, ого, ага, Господи.

> 3) Сочетание букв *чн* в большинстве случаев произносится в соответствии с написанием, то есть как [чн]. Однако в некоторых словах данное сочетание следует произносить как [шн]. Сравните: *коне́[чн]ый – коне́[шн]о*. В женских отчествах произносится только [шн]: *Анна Ники́ти[шн]а* и т. п. В ряде случаев допустимы варианты произношения: *бу́ло[чн]ая – бу́ло[шн]ая*. Иногда вариативность произношения связана с различиями значений слов и их сочетаемостью. Например: *серде́[чн]ые ка́пли*, но *серде́[шн]ый друг*.

Задание 11. *Прочитайте слова с сочетанием букв чн. Подчеркните приме-*
ры, в которых это сочетание произносится как [шн].

Достаточно, различный, коричневый, прочный, Ольга Ильинична, отлично, скучно, симпатичный, конечно, прозрачный, спичечный, яичница, Наталья Кузьминична, двоечник, сказочный, бесконечность, нарочно, скучный, прачечная, будничный, троечник.

4) Сочетание букв *чт* в местоимении **что** и в производных от него словах произносится как [**шт**]. Исключениями являются слова *ничто́жный, ничто́жество*, а также местоимение *не́что*, в которых сохраняется произношение [**ч**]. Местоимения *ничто́* и *не́что* различаются с точки зрения произношения и по смыслу.

Задание 12

а) Прочитайте слова с сочетанием букв **чт**. *Подчеркните примеры, в которых*
*это сочетание произносится как [***чт***].*

Чтобы, кое-что, ничто, ничтожный, что-нибудь, нечто, ни за что, ничтожество, что-то.

б) Переведите на родной язык (язык-посредник) примеры с местоимениями
ничто *и* **нечто**:

– В этом месте его **ничто** не тревожило.
– В этом месте **нечто** его тревожило.

Уточните по словарю разницу в значении данных местоимений. Составьте с ними
словосочетания или предложения.

5. В русском языке есть слова с н е п р о и з н о с и м ы м и   с о г л а с н ы м и. Так, в сочетаниях согласных *вств* и *лнц* не произносится первый согласный; в сочетаниях *здн, стн, стл, нтск, ндск, стск, рдц*, как правило, не произносится средний согласный. Исключениями являются некоторые слова книжного стиля, где сохраняется произношение всех согласных. Например: *бе́здна, постла́ть, костля́вый* и др.

Задание 13. *Прочитайте слова, обращая внимание на произношение сочетаний согласных. Подчеркните согласные, которые не произносятся.*

Праздник, известно, почувствовать, местный, счастливый, расистский, поздно, здравствуйте, голландский, сердце, чувствительный, солнце, проездной, радостный, частный, завистливый, лестница, праздный, областной, звёздный, шестнадцать, туристский.

Поскольку иностранцы под влиянием фонетической системы родного языка не всегда чётко артикулируют русские согласные, предлагаем несколько заданий, тренирующих правильное произношение звуков, наиболее трудных для носителей разных языков.

Задание 14. *Прочитайте слова, обращая внимание на произношение согласных* **б и в.**

Водород, вулкан, вакуум, влага, обладать, благодарить, владеть, водопровод, символ, квадрат, квартал, завод, забота, оборот, оболочка, авария, авантюра, аванс, оборудование, обозначать, пробовать, бывать, побывать, добывать, выбывать, выбрать.

Задание 15. *Прочитайте слова, обращая внимание на произношение конечных согласных* **м и н.**

Аэродром, агроном, астроном, метроном, вакуум, аквариум, президиум; озон, бетон, район, протон, нейтрон, фотон, электрон.

Задание 16. *Прочитайте слова, обращая внимание на произношение согласных* **ц и с.**

Центр, цикл, цинк, цифра, циклон, цилиндр, принцип, центральный, циклический, потенциальный, цивилизация, коэффициент, процент, процесс, специальный, специальность, специфика, специфический, специализация.

26

Задание 17. *Прочитайте слова, обращая внимание на произношение согласного звука [г].*

Геология, геолог, география, географ, генетика, энергия, энергетика, экология, гипотеза, гектар, регион, гидравлика, геологический, географический, генетический, энергетический, экологический, гидравлический, региональный.

Задание 18. *Прочитайте слова, обращая внимание на произношение согласных звуков [х] и [х].*

Характер, характерный, характеристика, характеризоваться, механика, механизм, механический, эпоха, техника, технический, технология, технологический, психолог, психология, психологический; химик, химия, химический, схема, схематический, архитектор, архитектура, архитектурный.

Задание 19. *Прочитайте слова, обращая внимание на произношение сочетаний согласных сп, ск, ст, сф, сх в начале слов.*

Спектр, спектральный, специалист, специальность, специфика, специальный, специфический, спираль; скелет; стабильный, стабильность, статика, статичный, стерильный, стерильность, структура, структурный, структурировать; сфера, сферический; схема, схематичный.

Задание 20. *Прочитайте слова, обращая внимание на произношение согласной к в сочетании с другими согласными.*

Пункт, пунктир, пунктуальный, пунктуальность; функция, функциональный, функциональность, функционировать; объект, объективный, объективность, субъект, субъективный, субъективность; контракт, контрактный.

Тема 3

МОРФОЛОГИЧЕСКИЕ НОРМЫ

Морфологические нормы — это правила образования и употребления грамматических форм слова.
В пособии будут рассматриваться следующие морфологические нормы:
— нормы определения рода существительных;
— нормы образования множественного числа существительных;
— нормы образования и употребления падежных форм существительных, прилагательных и числительных;
— нормы образования и употребления степеней сравнения и степеней качества прилагательных;
— нормы образования и употребления кратких форм прилагательных;
— нормы употребления местоимений, наречий, частиц и междометий;
— нормы выбора правильного глагольного вида.

I. ИМЯ СУЩЕСТВИТЕЛЬНОЕ

Имя существительное — это часть речи, которая объединяет слова со значением предметности. Существительные в русском языке различаются по одушевлённости и неодушевлённости, имеют формы рода, числа и падежа.

1. Род существительных

Существительные в русском языке принадлежат к одному из трёх родов: мужскому, женскому или среднему.
Род существительного определяется по окончанию формы именительного падежа единственного числа.

Мужской род	Женский род	Средний род
1. На твёрдый согласный: *стол, студе́нт*	1. На **-а, -я**: *ко́мната, ку́хня, Та́ня, Анна*	1. На **-о, -е**: *мо́ре, окно́, зада́ние*
2. На **-й**: *музе́й, санато́рий, Андре́й*	2. На мягкий согласный (**-ь**): *дверь, крова́ть*	2. Некоторые слова на **-мя**: *и́мя, вре́мя*
3. На мягкий согласный (**-ь**): *слова́рь, день*		
4. Одушевлённые существительные и имена на **-а, -я**: *мужчи́на, дя́дя, Ва́ня*		

Особые трудности возникают при определении рода существительных, оканчивающихся на **-ь**. Такие слова надо запоминать. Но здесь есть некоторые закономерности.

Мужской род	Женский род
1. Название месяцев: *октя́брь, ию́нь*	1. Слова на **-ость**: *возмо́жность, ра́дость*
2. Слова на **-арь**: *слова́рь, календа́рь*	2. Слова на **-бь, -вь, -ть, -зь, -сь, -чь, -щь, -шь, -дь**: *любо́вь, тетра́дь*
3. Слова на **-тель**: *учи́тель, выключа́тель*	*ИСКЛЮЧЕНИЯ: го́лу**бь** (м. р.), ле́бе**дь** (м. р.), дож**дь** (м. р.), гвоз**дь** (м. р.)*

ОБРАТИТЕ ВНИМАНИЕ!

Слова, оканчивающиеся на **-нь, -рь** и **-ль** могут относиться и к мужскому, и к женскому роду:

Мужской род	Женский род
день, портфе́ль, у́ровень, у́голь, кора́бль, оле́нь, карто́фель, шампу́нь, гель, паро́ль, ка́мень, рубль	посте́ль, сте́пень, ступе́нь, грань, жизнь, дверь, соль, ель, лень, сталь, моде́ль, пыль, тень, ночь, бандеро́ль, меда́ль, о́сень, мысль, вермише́ль

☛ **Задание 1.** *Определите род существительных.*

Связь, сеть, апрель, влажность, ёмкость, жизнь, модель, нефть, нить, ноль, окружность, пыль, площадь, показатель, современность, уровень, часть, щёлочь, энергоноситель, янтарь, мышь, ночь, вратарь, дикарь, ель, боль, портфель, постель, месть, вермишель, слесарь, сталь, уголь, кровь, мелочь, вещь, ступень, степень, дверь, выключатель, двигатель, лень, твёрдость, тень, календарь, зритель, грязь, шампунь, пароль, бандероль, дробь, суть, треть, мазь, память, мысль.

Слова с суффиксами **-ишк-, -ушк- (-юшк-)**, придающими слову уменьшительно-ласкательное или пренебрежительно-презрительное значение, а также слова с суффиксом **-ищ-**, придающим слову значение увеличительности, имеют такой же род, как и слово, от которого они образованы:

городи́шко (= маленький город) — мужской род, так как образовано от слова *го́род*;

хле́бушко (ласкательное) — мужской род, так как образовано от слова *хлеб*;

доми́ще (= огромный дом) — мужской род, так как образовано от слова *дом*;

ручи́ща (= огромная рука) — женский род, так как образовано от слова *рука́*.

☛ **Задание 2.** *Определите род существительных и назовите слова, от которых они образованы. Объясните, какое значение им придают суффиксы **-ишк-, -ушк- (-юшк-), -ищ-**.*

Собачища, драконище, человечище, человечишко, домишко, умишко, умище, талантище, талантишко, братишка, ножища, мальчишка, дядюшка, полюшко, комнатушка, письмишко, речушка, парнишка, холодище, головушка, солнышко, ветрище, голосище, тётушка, деревушка, пальтишко, жарища, дружище, грязища, золотишко, пылища, скучища, ручища.

Род несклоняемых существительных

В русском языке есть группа существительных, которые н е и з м е н я ю т с я п о п а д е ж а м , например: *пальто́, ко́фе, ле́ди, ра́дио.* Это существительные, пришедшие из других языков. Такие слова тоже имеют род, но он определяется не по окончанию, а по значению.

Мужской род	Женский род	Средний род
1. Слова, обозначающие людей **мужского пола**: *вое́нный атташе́, популя́рный конферансье́, изве́стный маэ́стро.* 2. Слова, обозначающие **животных**: *большо́й кенгуру́, огро́мный шимпанзе́, краси́вый по́ни.* ПРИМЕЧАНИЕ: если мы говорим о самке животного, то соответствующее слово употребляется в женском роде: *Кенгуру́ корми́ла детёныша.* 3. Некоторые слова, имеющие влияние **родового понятия** мужского рода: *сиро́кко* (родовое понятие «ветер»), *пена́льти* (родовое понятие «удар»), *хи́нди* (родовое понятие «язык»).	1. Слова, обозначающие людей **женского пола**: *элега́нтная ле́ди, прекра́сная мада́м.* 2. Некоторые слова, имеющие влияние **родового понятия** женского рода: *широ́кая авеню́* (родовое понятие «улица»), *вку́сная кольра́би* (родовое понятие «капуста»), *жи́рная саля́ми* (родовое понятие «колбаса»).	Слова, обозначающие **неодушевлённые предметы**: *жёлтое такси́, вку́сное рагу́, полити́ческое кре́до, коро́ткое интервью́, моско́вское метро́.*

Задание 3. *Определите род существительных.*

Меню, рагу, месье, какаду, фрау, мадам, фламинго, интервью, коммюнике, мачете, бра, алиби, атташе, рефери.

В русском языке есть группа слов, называющих людей. Эти слова оканчиваются на -а или -я и меняют свой род в зависимости от пола человека, которого они обозначают. Такие слова мы называем словами **общего рода**. Например:

сирота́ (= ребёнок, родители которого умерли);

неве́жа (= невежливый человек);

неве́жда (= необразованный человек);

неря́ха (= неаккуратный человек);

тупи́ца (= очень глупый человек);

обжо́ра (= человек, который очень много ест).

Прилагательное, стоящее перед таким существительным, может быть как мужского, так и женского рода, в зависимости от пола человека, о котором идёт речь:

*Эта де́вочка – **кру́глая** (= полная) сирота́.*

*Этот ма́льчик – **кру́глый** (= полный) сирота́.*

Задание 4. *Вставьте пропущенные буквы. Объясните свой выбор.*

1) Маша всегда была больш... умницей.
2) Этот молодой человек – абсолютн... невежда.
3) После смерти родителей мальчик остался кругл... сиротой.
4) Володя так много ест! Он настоящ... обжора.

Род существительных, обозначающих профессию или должность

Многие существительные, обозначающие профессию или должность, используются только в форме мужского рода, даже если речь идёт о женщине (связано это с тем, что долгое время носителями этих профессий, званий и должностей были только мужчины): *врач, хиру́рг, архите́ктор, строи́тель, инжене́р, дека́н, дире́ктор, профе́ссор* и др. Такие слова употребляются с прилагательными мужского рода и глаголами в форме женского рода:

32

Моя́ мать – хоро́ший врач.

Ве́ра Ива́новна ста́ла изве́стным архите́ктором.

Для названия некоторых профессий используются специальные суффиксы, указывающие на то, что речь идёт о женщине (подробнее об этих суффиксах см. *Тему 6*):

писа́тель – писа́тельница;

учи́тель – учи́тельница;

студе́нт – студе́нтка;

арти́ст – арти́стка.

ЗАПОМНИТЕ!

1. Суффиксы -ш- и -их-, которые иногда используются в разговорной речи для образования названий лиц женского пола, придают слову о т т е н о к п р е н е б р е ж е н и я :

секрета́рь – секрета́рша;

дире́ктор – дире́кторша;

врач – врачи́ха.

2. Существуют названия специальностей, где возможна т о л ь к о ф о р м а ж е н с к о г о р о д а (исторически такие специальности были только женскими): *маникю́рша, машини́стка, сиде́лка, ня́ня, балери́на* и др. Для обозначения специалистов мужского пола используются описательные выражения: *перепи́счик на маши́нке; челове́к, уха́живающий за больны́ми; арти́ст бале́та* и др.

Задание 5. *Исправьте ошибки в предложениях.*

1) Врачиха Носкова сегодня не принимает.

2) Вера Ивановна работает директоршей большой фабрики.

3) Вчера состоялась встреча с главной редакторшей журнала Людмилой Зориной.

4) Маша стала прекрасным спортсменом.

5) Лена мечтает стать известной архитектором.

2. Число существительных

Некоторые существительные мужского рода в русском языке имеют во множественном числе окончание **-А** или **-Я** (которое всегда будет под ударением).

Единственное число	Множественное число
а́дрес	адреса́
бе́рег	берега́
век	века́
ве́чер	вечера́
го́лос	голоса́
го́род	города́
дире́ктор	директора́
до́ктор	доктора́
ко́рпус	корпуса́
лес	леса́
ма́стер	мастера́
но́мер	номера́
о́круг	округа́
о́рдер	ордера́
о́стров	острова́
па́спорт	паспорта́
по́езд	поезда́
про́вод	провода́
про́пуск	пропуска́
профе́ссор	профессора́
сорт	сорта́
сто́рож	сторожа́
счёт	счета́
учи́тель	учителя́
цвет	цвета́

ОБРАТИТЕ ВНИМАНИЕ!

Иногда различия в окончании форм множественного числа связаны с разными значениями слов:

пропуска́ (документы) и *про́пуски* (занятий);
цвета́ (спектра) и *цветы́* (растения);
пояса́ (части одежды) и *по́ясы* (географические);
корпуса́ (здания) и *ко́рпусы* (тела);
листы́ (книги) и *ли́стья* (дерева);
ордера́ (документы) и *о́рдеры* (архитектурные);
учителя́ (преподаватели) и *учи́тели* (авторы учений).

☞ **Задание 6.** *Образуйте форму множественного числа существительных.*

Документ, директор, вечер, грунт, аргумент, адрес, архитектор, профессор, астроном, барометр, берег, век, вид, ток, лес, инспектор, ректор, блок, голос, поезд, остров, газ, паспорт, мастер, инженер, конструктор, лифт, банк, провод, пар, торт, доктор, счёт, лектор, сорт, цветок, цвет, бухгалтер, госпиталь, диспетчер, округ, плеер, слесарь, номер, токарь, шофёр, тренер, город, сектор, склад, сторож, прожектор, приговор, порт, пекарь.

В русском языке есть слова, которые употребляются только в единственном или только во множественном числе.

Существительные, употребляющиеся только в единственном числе

Металлы, газы	Продукты питания	Растения	Собирательные существительные	Группы людей	Абстрактные существительные	Физические процессы и свойства
зо́лото желе́зо серебро́ кислоро́д водоро́д азо́т	молоко́ мя́со ма́сло мука́ смета́на шокола́д са́хар	карто́фель лук мор-ко́вь капу́ста	оде́жда о́бувь ме́бель фа́уна	моло-дёжь студе́н-чество кресть-я́нство профес-су́ра	капита-ли́зм реали́зм дру́жба доброта́ любо́вь темнота́	давле́ние тре́ние пласти́ч-ность раствори́-мость

Существительные, употребляющиеся только во множественном числе

Парные предметы	Временны́е промежутки	Игры	Вещества, продукты питания
брю́ки джи́нсы часы́ но́жницы очки́	кани́кулы су́тки бу́дни	пря́тки са́лки ша́хматы	духи́ сли́вки консе́рвы макаро́ны

Задание 7. Образуйте форму множественного числа существительных (там, где это возможно).

Конденсатор, растворение, стук, мебель, кровать, мука, ртуть, материализм, договор, автомобиль, обувь, помидор, картошка, виноград, молодёжь, железо, государство, влажность, аппарат, аппаратура, атмосфера, гипербола, гора, осадок, серебро, свежесть, сеть, свет, существо, ткань, толщина, тело, тяготение.

3. Падеж существительных

1. Некоторые существительные мужского рода имеют в п р е д л о ж н о м падеже две формы: с окончаниями **-е** и **-у**.

Формы с -У (для обозначения **места**)	Формы с -Е (для обозначения **объекта мысли/речи**)
в (на) шкафу́ в саду́ на полу́ в лесу́ на мосту́ в(на) снегу́ в(на) углу́ на берегу́	о шка́фе о са́де о по́ле о ле́се о мосте́ о снеге о угле́ о бе́реге

Задание 8. *Вставьте пропущенные буквы. Объясните свой выбор.*

1) Одежда висит в шкаф… . 2) Мы гуляли в красивом лес… . 3) Мой друг рассказал мне о тропическом лес… . 4) Мы долго стояли на новом мост… . 5) Архитекторы говорят о новом мост…, который соединит две части города. 6) По телевизору показывали репортаж о снег…, который покрыл весь город. 7) Дети играли в снег… и вернулись домой абсолютно мокрые. 8) Как хорошо весной в сад… ! 9) Зимними вечерами я часто вспоминал о цветущем весеннем сад… .

2. В русском языке есть глаголы, после которых в одних ситуациях используется форма р о д и т е л ь н о г о падежа, в других — в и н и т е л ь н о г о . К таким глаголам относятся: *проси́ть*, *хоте́ть*, *тре́бовать*, *ждать*, *нали́ть*, *положи́ть*, *наре́зать*, *купи́ть*, *взять*, *дать*, *принести́*, *вы́пить*, *съесть*.

Использование родительного и винительного падежей после глаголов
ПРОСИ́ТЬ, ХОТЕ́ТЬ, ТРЕ́БОВАТЬ, ЖДАТЬ

Родительный падеж	Винительный падеж
Если говорится об **абстрактном понятии** или **неопределённом** предмете: *Наро́д тре́бует **свобо́ды** и **демокра́тии**.* *Ка́ждый челове́к хо́чет **сча́стья**.* *Я жду **авто́буса**.* *Докла́дчик про́сит **тишины́**.*	Если говорится об **определённом** человеке или предмете: *Контролёр тре́бует от ме́ня **биле́т**.* *Я хочу́ **карто́шку**.* *Я жду **авто́бус № 752**.* *Де́вочка про́сит у ма́мы **конфе́ту**.*

Если говорится о **части** предмета, о каком-то его количестве (здесь родительный падеж заменяет слово **немно́го**): *Я хочу́ ча́я (ча́ю).* *Ко́шка про́сит ры́бы.* *Он тре́бует де́нег.*	Если говорится о **це́лом** предмете: *Я хочу́ чай.* *Ко́шка про́сит ры́бу.* *Он тре́бует де́ньги.*

Использование родительного и винительного падежей после глаголов
НАЛИТЬ, ПОЛОЖИТЬ, НАРЕЗАТЬ, КУПИТЬ, ВЗЯТЬ, ДАТЬ, ПРИНЕСТИ, ВЫПИТЬ, СЪЕСТЬ

Родительный падеж	Винительный падеж
Если говорится о **части** предмета, о каком-то его количестве (здесь родительный падеж заменяет слово **немно́го**): *Я наре́зал хле́ба и сы́ра.* *Положи́ть вам ещё сала́та?* *Нале́й мне ещё ча́я (ча́ю).* *Он купи́л фру́ктов и вина́.* *Я вы́пью молока́ (немного).*	Если говорится о **це́лом** предмете или количество предмета неважно для коммуникации: *Я наре́зал хлеб и сыр.* *Положи́ть вам сала́т?* *Нале́й мне чай.* *Он купи́л фру́кты и вино́.* *Я вы́пил молоко́ (всё).*

ОБРАТИТЕ ВНИМАНИЕ!

С глаголами **попи́ть** и **пое́сть** обычно используется родительный падеж, так как приставка **по-** имеет значение «немного».

Задание 9. *Вставьте пропущенные окончания. Укажите возможные варианты. Объясните свой выбор.*

1) Наш народ хочет мир … , а не войн … . 2) Сегодня мы ждали трамва... почти 10 минут. Безобразие! 3) Извините, вы ждёте трамва... № 14? 4) Вы не могли бы принести мне минеральн... вод...? 5) Я прошу тишин... . 6) Надо пойти купить хлеб... и колбас... к ужину. 7) Он просит красн... ручк... . 8) Я не хочу есть, но с удовольствием попью ча... . 9) Вам придется ждать решени... декана. 10) Можно положить вам ещё салат...? 11) Охранник потребовал у меня пропуск... . 12) Эта работа требует терпени... .

II. ИМЯ ПРИЛАГАТЕЛЬНОЕ

Имя прилагательное – это часть речи, объединяющая слова, которые обозначают признаки предметов и имеют зависимые от существительных формы рода, числа и падежа.

Прилагательные в русском языке делятся на к а ч е с т в е н н ы е и о т н о с и т е л ь н ы е .

К а ч е с т в е н н ы е прилагательные обозначают п р и з н а к и , которые могут проявляться у предмета в различной степени, поэтому они согласуются со словом **о́чень**. От них можно образовывать степени сравнения, степени качества и краткие формы:

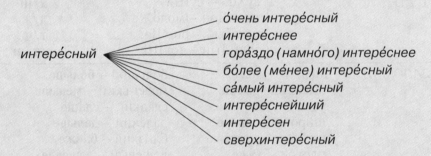

О т н о с и т е л ь н ы е прилагательные характеризуют предмет через его о т н о ш е н и е к д р у г и м п р е д м е т а м . Например:

моско́вское метро́ (метро в Москве);

осе́нние ли́стья (листья осенью);

золото́е кольцо́ (кольцо из золота).

Относительные прилагательные не согласуются со словом **о́чень**, от них нельзя образовать степени сравнения и краткие формы.

Задание 1. *Определите, какие из прилагательных являются качественными, а какие – относительными. Подберите к прилагательным существительные.*

Жадный, молочный, телефонный, розовый, сладкий, деревянный, высокий, современный, замечательный, стеклянный, кухонный, полезный, свежий, простой, городской, огромный, серебряный, горячий, шоколадный, глубокий, вчерашний, деловой, индустриальный, подземный.

1. Степени сравнения прилагательных

Образование сравнительной степени прилагательных

ПРОСТАЯ СРАВНИТЕЛЬНАЯ СТЕПЕНЬ			
№	Способ образования	Пример	Чередование
1	Основа + -ЕЕ	си́льный — сильне́е сла́бый — слабе́е интере́сный — интере́снее	
2	Основа на + -Е [г, к, х, д, т, ст]	дороГо́й — доро́Же кре́пКий — кре́пЧе суХо́й — су́Ше молоДо́й — моло́Же бога́Тый — бога́Че то́лСТый — то́лЩе	г/ж к/ч х/ш д/ж т/ч ст/щ
3	*ЗАПОМНИТЕ:* ни́зкий — **ни́же** высо́кий — **вы́ше** у́зкий — **у́же** широ́кий — **ши́ре** глубо́кий — **глу́бже** плохо́й — **ху́же** хоро́ший — **лу́чше**	большо́й — **бо́льше** ма́ленький — **ме́ньше** сла́дкий — **сла́ще** далёкий — **да́льше** бли́зкий — **бли́же** дешёвый — **деше́вле** то́нкий — **то́ньше**		

СЛОЖНАЯ СРАВНИТЕЛЬНАЯ СТЕПЕНЬ	
Способ образования	Пример
бо́лее (ме́нее) + прилагательное в исходной форме	**бо́лее** краси́вый **ме́нее** краси́вый

ОБРАТИТЕ ВНИМАНИЕ!

Не от всех качественных прилагательных можно образовать простую форму сравнительной степени (например, нельзя образовать такую форму от слов **по́здний** *(у́жин)*, **ра́нний** *(звоно́к)*, **уста́лый** *(челове́к)*, **го́рький** *(напи́ток)* и некоторых других). Сложную форму сравнительной степени можно образовать от любых качественных прилагательных: *бо́лее ра́нний, бо́лее уста́лый.*

В простой сравнительной степени прилагательных с суффиксом -ЕЕ, состоящих из двух слогов, ударение падает на этот суффикс. Если же слогов больше – ударение ставится там же, где и в исходной форме прилагательного:

си́льный – сильне́е;

вку́сный – вксне́е;

интере́сный – интере́снее.

Задание 2. Образуйте простую сравнительную степень прилагательных. Следите за ударением.

Вкусный, красивый, сильный, новый, старый, интересный, простой, сложный, прекрасный, толстый, тонкий, сухой, близкий, молодой, богатый, бедный, большой, маленький, высокий, крепкий, плохой, сладкий, далёкий, низкий, дешёвый, глубокий, светлый, глупый, широкий, тихий, глухой, звонкий, тёплый, горячий, тёмный, жаркий, громкий, активный, трудолюбивый, умный.

Образование превосходной степени прилагательных

ПРОСТАЯ ПРЕВОСХОДНАЯ СТЕПЕНЬ			
№	Способ образования	Пример	Чередование
1	Основа + -ЕЙШ- + -ИЙ -АЯ -ЕЕ -ИЕ	си́льный – сильне́йший но́вый – нове́йший бога́тый – богате́йший	
2	Основа + -АЙШ- + -ИЙ на [г, к, х] -АЯ -ЕЕ -ИЕ	глубо́Кий – глубоЧа́йший стро́Гий – строЖа́йший ти́Хий – тиШа́йший	к/ч г/ж х/ш
3	НАИ- + превосходная степень прилагательного	**наи**краси́вейший (о́чень-о́чень краси́вый) **наи**лу́чший	

4	*ЗАПОМНИТЕ:* **вы́сший**	
	ни́зший	
	ху́дший	
	лу́чший	
	вы́сший = высоча́йший	
	СРАВНИТЕ:	
	У него́ есть **вы́сшее** *образова́ние.*	
	Это **высоча́йшая** *гора́ ми́ра.*	

СЛОЖНАЯ ПРЕВОСХОДНАЯ СТЕПЕНЬ

№	Способ образования	Пример
1	**са́мый** + исходная форма прилагательного **наибо́лее**	**са́мый** краси́вый **наибо́лее** высо́кий
2	сравнительная степень прилагательного + **всех всего́**	бо́льше **всех** интере́снее **всего́**

ОБРАТИТЕ ВНИМАНИЕ!

1. Простая и сложная формы превосходной степени не всегда тождественны по смыслу.

Ро́за – **краси́вейший** *цвето́к.* (= очень красивый)

Ро́за – **са́мый краси́вый** *цвето́к.* (= красивее всех других цветов)

2. В русском языке возможно использовать словосочетание **са́мый лу́чший**.

3. От многих прилагательных простая превосходная степень не образуется (например, от прилагательных *большо́й, молодо́й, родно́й, у́зкий* и др.).

Задание 3. *С помощью суффиксов образуйте все возможные формы степеней сравнения прилагательных.*

Длинный, узкий, простой, жёлтый, здоровый, полезный, умный, белый, ровный, трудный, короткий, хитрый, бедный, богатый.

Задание 4. *Исправьте ошибки в предложениях.*

1) Самый крупнейший город в мире – Мехико. 2) Она стремится быть лучше, оригинальной. 3) На улице становится всё более холоднее. 4) Сопромат – самый

труднейший предмет. 5) Другая дорога удобная и короче. 6) Эту задачу можно решить более проще.

ЗАПОМНИТЕ!

С прилагательными в сравнительной степени не сочетается слово **о́чень**. Вместо него используются слова **гора́здо, намно́го, значи́тельно**:

гора́здо
намно́го   } + *интере́снее (вкусне́е)*
значи́тельно

Задание 5. *Дополните предложения словами* **очень, гораздо, намного** *или* **значительно**.

1) Вчера в парке было … тихо.
2) Он говорит по-русски … лучше, чем я.
3) Я советую вам взять пиво «Балтика», оно … вкуснее.
4) Спасибо, всё было … вкусно.
5) Я думаю, что вечером будет … холодно.
6) Мы читали … интересную книгу.
7) Этот фильм … интереснее.
8) На рынке продукты … дешевле.
9) Это … дорогой ресторан.
10) Сегодня он чувствует себя … лучше.

2. Степени качества прилагательных

Степени качества прилагательных отражают с у б ъ е к т и в н у ю о ц е н к у говорящим м е р ы п р и з н а к а предмета и могут быть выражены:

1) приставками: **пре**глу́пый, **ультр**амо́дный, **архи**ва́жный, **сверх**си́льный, **все**си́льный, **раз**весёлый, **супер**совреме́нный;

2) повторами: вку́сный-**пре**вку́сный, бе́лый-бе́лый;

3) суффиксами: страше́**нн**ый, желт**ова́т**ый.

Выражение степени качества с помощью суффиксов

№	Суффикс	Значение	Пример
1	**-ОВАТ-** (**-ЕВАТ-**)	Неполнота признака («немного, чуть-чуть»)	*красноватый* (= немного красный) *толстоватый* (= немного толстый)
2	**-ОНЬК-** (**-ЕНЬК-**)	Уменьшительно-ласкательный оттенок («вызывающий симпатию или сочувствие»)	*красненький* (= приятно красный) *толстенький* (= приятно толстый, вызывающий симпатию) *плохонький* (= вызывающий сочувствие)
3	**-УЩ-** (**-ЮЩ-**)	Усилительное значение («очень»)	*толстущий* (= очень толстый) *краснющий* (= очень красный) *большущий* (= очень большой)
4	**-ЕНН-** (для небольшой группы прилагательных)	Увеличительное значение («очень»)	*широченный* (= очень широкий) *страшенный* (= очень страшный) *толстенный* (= очень толстый)

Задание 6. *Образуйте прилагательные по образцу. Составьте с ними словосочетания и переведите их на родной язык (язык-посредник).*

Образец: белый – беленький – беленький котик.

Низкий, старый, лёгкий, сладкий, милый, худой, новый, хороший, тёплый, весёлый, чистый, слабый, вкусный, чёрный, круглый.

Задание 7. *Образуйте степени качества прилагательных с помощью суффиксов **-оват-** (**-еват-**), **-оньк-** (**-еньк-**), **-ущ-** (**-ющ-**). Объясните значения полученных слов.*

Жёлтый, худой, длинный, плотный, жадный, бледный, грязный.

3. Краткие формы прилагательных

Образование кратких форм прилагательных

При образовании кратких форм прилагательных м у ж с к о г о р о д а в слове могут появляться беглые гласные *о* или *е*.

Появляется О	Появляется Е
Если основа оканчивается на *к*, а перед *к* — твёрдый согласный, то в краткой форме появляется *о*: кре́пкий — кре́пОк ни́зкий — ни́зОк лёгкий — лёгОк мя́гкий — мя́гОк	Если основа оканчивается на *к*, а перед *к* — мягкий согласный или *й*, а также если основа оканчивается на *н*, то в краткой форме появляется *е*: го́рький — го́рЕк сто́йкий — сто́Ек тру́дный — тру́дЕн вку́сный — вку́сЕн

Задание 8. *Измените словосочетания по образцу.*

О б р а з е ц : вкусный ужин – ужин вкусен.

Трудный вопрос, свежий воздух, тяжёлый рюкзак, узкий проход, высокий доход, пустой дом, интересная книга, неожиданная встреча, короткий день, простой метод, бедный человек, богатый старик, прочный материал, пластичное вещество, полезный продукт, приятное знакомство, сложная проблема, широкая дорога, бурное море.

Употребление полных и кратких форм прилагательных

№	Полные прилагательные	Краткие прилагательные
1	Для обозначения **постоянного признака:** *Мой де́душка ста́рый и **больно́й** челове́к.* *Де́вушка о́чень **краси́вая**.*	Для обозначения **временного признака:** *Обы́чно он о́чень здоро́вый, но сейча́с **бо́лен**.* *Сего́дня э́та де́вушка о́чень **краси́ва**.*

45

2	Объективная оценка: *Эта у́лица у́зкая.* *Эти ту́фли большие.*	Субъективная оценка: *Эта у́лица узка́ для большо́го коли́чества маши́н.* *Эти ту́фли мне велики́.* *ОБРАТИТЕ ВНИМАНИЕ!* В таких фразах обычно есть слова, указывающие на субъект (**для меня́, мне** и т. д.)
3	Характеристика **одного предмета**: *Этот мета́лл о́чень про́чный.*	Характеристика **класса предметов**: *Мета́ллы о́чень прочны́.*
4	Сочетаются со словами **тако́й** и **како́й**: **Како́й хоро́ший** день! **Тако́й интере́сный** фильм!	Сочетаются со словами **так** и **как**: **Как хоро́ш** э́тот день! Фильм **так интере́сен**!
5	Используются только **в полной форме**: *кори́чневый, шокола́дный, голубо́й, кре́мовый.*	Используются только **в краткой форме**: а) *рад, хоро́ш* (в значении «красив»), *гото́в*; б) в устойчивых сочетаниях: *средь бе́ла дня;* *на бо́су но́гу* (= без носков).

ЗАПОМНИТЕ!

Некоторые краткие прилагательные могут отличаться от полных по значению: *спосо́бный* (= *тала́нтливый*) и **спосо́бен** (= *мо́жет*), *ви́дный* (= *изве́стный*) и **ви́ден** (= *воспринима́ется гла́зом*).

ОБРАТИТЕ ВНИМАНИЕ!

При употреблении однородных прилагательных их форма должна быть одинаковой:
*День был **со́лнечным** и **жа́рким**.*
*День был **со́лнечен** и **жа́рок**.*

Задание 9. *Выберите правильную форму прилагательного. Укажите случаи, где возможны обе формы.*

1) Этот композитор очень (известный, известен) в Европе. 2) Моя бабушка – старый и (больной, больна) человек. 3) Это пальто мне (широкое, широко). 4) Фильм был так (интересный, интересен), что мы не заметили, как прошло полтора часа. 5) Воздух (чист, чистый) и (свеж, свежий). 6) (Долгий, долог) день до вечера, если делать нечего. 7) Он был горяч и (полный, полон) жизни. 8) Учитель был (строгий, строг) к своим ученикам. 9) Этот учёный (известный, известен) своими работами по биохимии. 10) Она надела туфли на (босу, босую) ногу.

Задание 10. *Исправьте ошибки в предложениях.*

1) Один брат шумный, другой – тих. 2) Он был горяч, полный жизни. 3) Обсуждение этого вопроса было очень своевременно и полезным. 4) Машина, которую купил Владимир, недорога, но очень надёжная. 5) Этот человек был очень молчаливый, но симпатичен. 6) Дорога, по которой мы поднимались в гору, была длинна и трудная.

III. МЕСТОИМЕНИЕ

Местоимение – это часть речи, объединяющая слова, которые не называют лиц, предметов и их признаков, а указывают на них.

Местоимения делятся на:

1) л и ч н ы е : *я, ты, он* и др.;

2) п р и т я ж а т е л ь н ы е : *мой, твой, его́, свой* и др.;

3) в о з в р а т н о е : *себя́;*

4) у к а з а т е л ь н ы е : *э́тот, тот, тако́й, тако́в, сто́лько;*

5) в о п р о с и т е л ь н ы е : *кто, что, како́й, кото́рый, чей, ско́лько;*

6) о т н о с и т е л ь н ы е (употребляются для связи предложений): *кто, что, како́й, кото́рый, чей, ско́лько;*

7) о п р е д е л и т е л ь н ы е : *сам, са́мый, весь, вся́кий, ка́ждый, любо́й;*

8) о т р и ц а т е л ь н ы е : *никто́, ничто́, никако́й, ниче́й, не́кого, не́чего;*

9) н е о п р е д е л ё н н ы е : *не́кто, не́что, не́который, не́кий, не́сколько, кто́-то, что́-то, кто́-нибудь, что́-нибудь, кто́-либо, что́-либо, ко́е-кто́, ко́е-что́* и др.

1. Употребление личных местоимений

Если перед личным местоимением 3-го лица стоит простой предлог (*к*, *с*, **на**, **о** и др.), то к местоимению прибавляется **н-**, например:

Я уви́дел её.

Я посмотре́л на неё.

После предлогов **благодаря́**, **согла́сно**, **вопреки́** и **навстре́чу н-** не прибавляется:

Благодаря́ ему́ *я сдал экза́мен на пять.*

Задание 1. *Выберите нужную форму местоимения. Объясните свой выбор.*

1) У (её, неё) не было той книги, которую я просила.

2) Благодаря (ей, ней) мы вовремя закончили работу.

3) Вокруг (их, них) всегда было много народу.

4) Впереди (его, него) ехал велосипедист.

5) Он долго разговаривал с (ими, ними).

6) Навстречу (ему, нему) шёл какой-то молодой человек.

7) В университете введена балльно-рейтинговая система. Согласно (ей, ней) для получения «автомата» студент должен набрать в семестре не менее 56 баллов.

8) К сожалению, я ничего не знаю о (их, них).

9) Я увидел моих друзей и подошёл к (им, ним) поздороваться.

2. Употребление возвратного местоимения *СЕБЯ*

1. Возвратное местоимение **себя́** не имеет форм рода, числа и формы именительного падежа.

2. В предложении оно всегда относится к действующему лицу (показывает, что субъект = объекту).

Я ви́жу себя́ в зе́ркале.

Эго́ист лю́бит то́лько себя́.

3. Возвратное местоимение **себя́** склоняется как местоимение **тебя́**.

Задание 2. *Вместо точек вставьте личные местоимения или местоимение **себя** в нужной форме.*

1) – Ты знаешь, где наш отчёт?
   – Да, знаю. Он у ... на столе, я смотрел кое-какие цифры.

2) – Вчера я ходил в гости к Володе. А ты был у ... дома?
   – Да, я был у ... два раза. Он сделал у ... дома прекрасный ремонт!

3) – Это твой брат? Расскажи мне о ...!

4) – Кто был вчера на уроке?
   – Джейн, Майкл, Дэвид, Рейчел и всё. Да, ещё я забыл ... .

5) – Давай сейчас пойдём к ...! У меня есть интересный фильм!
   – Нет, спасибо, я очень устала сегодня. Лучше я сейчас пойду к ..., а к ... я приду завтра, ладно?

6) – Вчера мы были в гостях у Виктора.
   – Да? И когда вы ушли от ...?
   – Точно не помню, но поздно! Я был у ... дома в 1.30 ночи.

7) – Эта дверь открывается к ... или от ...?

8) – Как ты ... чувствуешь?
   – Так ... .

9) – Ты взял с ... зонт? Может быть дождь!
   – Да, мой зонт всегда со ... .

10) К ... в дверь кто-то постучал. Мы открыли дверь и увидели перед ... маленькую девочку. Несколько секунд она стояла перед ... и внимательно смотрела на ... .

11) В воскресенье мой муж поехал за город и взял с ... детей. С ... поехали сын и старшая дочь.

12) Я сижу за столом и работаю. Справа от ... лежат тетради, учебники и словари. Слева от ... стоит лампа. Я кладу перед ... книгу и читаю сначала про ..., а потом вслух.

13) Больной открыл глаза и увидел около ... доктора. Рядом с ... стояла медсестра.

14) Это мой стол. У ... на столе лежат тетради и словари. Этот журнал я тоже положил к ... на стол.

15) Ректор сейчас у ... в кабинете. У ... сидит декан нашего факультета.

3. Употребление возвратно-притяжательного местоимения *свой*

1. Местоимение *свой* может быть только о п р е д е л е н и е м о б ъ е к т а и указывает на то, что о б ъ е к т п р и н а д л е ж и т с у б ъ е к т у.

Если действующее лицо выражено местоимениями *я, ты, мы, вы*, местоимение *свой* можно заменить соответствующим притяжательным местоимением:

Я откры́л свой (мой) слова́рь.

Ты откры́л свой (твой) слова́рь.

В других случаях замена местоимения *свой* на притяжательное местоимение невозможна, потому что полностью меняется смысл предложения:

Он откры́л свой слова́рь. (= Это его собственный словарь.)

Он откры́л его́ слова́рь. (= Это словарь другого человека.)

2. Местоимение *свой* склоняется как местоимение *твой*.

Задание 3. *Вместо точек вставьте местоимения **его**, **её**, **их** или **свой**.*

1) Мой друг рассказал мне о ... семье. Я с удовольствием слушал рассказ о ... сыне.

2) Это Андрей. Это его офис. Он работает в ... офисе. Я вхожу в ... офис. Мне нравится ... офис.

3) Это Михаил, а это ... машина. Михаил рассказывает о ... машине. Ему нравится ... машина. Мы садимся в ... машину. Завтра мы поедем на дачу на ... машине. Михаил всегда едет на дачу на ... машине.

4) Это Ирина, а это её стол. Документы лежат на ... столе. Я кладу папку на ... стол. Ирина положила журнал на ... стол.

5) Это Наташа, а это её пальто. Она всегда вешает ... пальто на вешалку. Мы повесили ... пальто в коридор. Нам очень нравится ... пальто.

6) Мой друг поехал в Санкт-Петербург и прислал мне письмо. В ... письме он рассказал, как он ходил в Русский музей и Эрмитаж. Он очень доволен ... путешествием. Я получил ... письмо позавчера.

7) Вчера Антон ходил в клуб. Вместе с ним была ... подруга. Антон познакомил нас со ... подругой.

8) Он написал мне на бумажке ... домашний телефон, но я куда-то положил бумажку с ... телефоном и не могу найти. У тебя нет ... телефона?

4. Употребление определительных местоимений
всякий, каждый, любой

При использовании местоимений часто трудно выбрать правильное местоимение из трёх близких по значению определительных местоимений **вся́кий**, **ка́ждый**, **любо́й**.

Значение определительных местоимений *всякий, каждый, любой*

ВСЯКИЙ	разный
КАЖДЫЙ	все без исключения
ЛЮБОЙ	какой угодно

Задание 4. *Вставьте вместо точек определительные местоимения* **всякий**, **каждый**, **любой**. *Объясните свой выбор. Укажите случаи, где можно использовать разные варианты.*

1) Он очень любит рассказывать ... истории из своей жизни. 2) У ... студента в зачётке должен стоять штамп «Допущен к сессии». 3) Этот шоколад можно купить в ... киоске. 4) Для перевода вы можете взять ... текст из интернета. 5) Для праздника мы купили ... сладости и шампанское. 6) ... компьютер, установленный в компьютерном классе, имеет выход в интернет. 7) Он очень неприятный человек и любит рассказывать обо всех ... гадости. 8) Анализы можно сдать в ... день. 9) ... человек мечтает о счастье. 10) ... раз, когда я еду в университет, я встречаю Игоря. 11) В спортзале много ... тренажёров.

5. Употребление неопределённых местоимений с частицами -ТО, -НИБУДЬ (-ЛИБО) и КОЕ-

Местоимения	Употребление
кто-**то** что-**то** како́й-**то** чей-**то** куда́-**то** где-**то**	1. Когда говорящий **знает не всю информацию**, а только её часть: *У него́ паке́т из магази́на. Он **что́-то** купи́л.* (говорящий видит пакет, но не знает, что в нём) ***Кто́-то** звони́т в дверь. Откро́й!* (говорящий слышит звонок, но не знает, кто звонит) *Мари́на **куда́-то** ушла́.* (говорящий знает, что Марина ушла, но не знает куда) 2. Когда говорящий **раньше знал всю** информацию, но сейчас частично забыл: ***Кто́-то** уже́ говори́л мне об э́том.* (говорящий забыл кто именно) ***Где́-то** я уже́ ви́дел э́ту карти́ну.* (говорящий забыл где именно)
кто́-**нибудь** (кто́-**либо**) что́-**нибудь** (что́-**либо**) како́й-**нибудь** (како́й-**либо**) че́й-**нибудь** (че́й-**либо**) куда́-**нибудь** (куда́-**либо**) где́-**нибудь** (где́-**либо**)	1. Когда говорящий **не имеет никакой информации** о событии, но у него есть предположение о его участниках, месте и т. д. (поэтому наиболее часто используется в вопросах): – *Мне **кто́-нибудь** звони́л?* – *Ты **куда́-нибудь** ходи́л?* – *Ви́ктор был **где́-нибудь** в суббо́ту?* 2. Синоним слова *любо́й*: для говорящего **не важен выбор** предмета, качества, места и т. п., о которых он говорит (часто используется в повелительных предложениях): *Дай мне **каку́ю-нибудь** ча́шку.* (= любую чашку) *Дава́й за́втра **куда́-нибудь** пойдём.* (= в любое место) *Сего́дня ве́чером у меня́ бу́дут го́сти, и мне на́до купи́ть **како́й-нибудь** торт.* (= любой торт)

| кóе-ктó
кóе-чтó
кóе-какóй
кóе-чéй
кóе-кудá
кóе-гдé | Когда говорящий **знает**, но **не хочет сообщать** всю информацию слушателю (чтобы сделать сюрприз для слушателя или считая, что вся информация слушателю не нужна):
*– Я тебé **кóе-чтó** купи́л!*
– Да? И что э́то?

– Ты свобóден сегóдня вéчером?
*– Нет, я дóлжен **кóе с кéм** встрéтиться.* |

ЗАПОМНИТЕ!

1. **Когдá-то** = очень давно в прошлом;

   когдá-нибудь = очень не скоро в будущем:

   Когдá-то *на землé жи́ли динозáвры.*

   Когдá-то *я люби́ла егó.*

   Когдá-нибудь *лю́ди бу́дут жить на други́х планéтах.*

   Когдá-нибудь *мы обязáтельно встрéтимся.*

2. **Кóе-кáк** = а) плохо: *Он всегдá рабóтает **кóе-кáк**;*

   б) с трудом: *Он **кóе-кáк** дошёл до двери́.*

3. **Почему́-то** = непонятно, по какой причине:

   *Лифт **почему́-то** не рабóтает.*

Задание 5. *Выберите нужное местоимение.*

1) – Ты (куда-то, куда-нибудь, кое-куда) ходила сегодня?

– Да, я (куда-то, куда-нибудь, кое-куда) ходила.

– Да? И куда?

– В ГУМ.

– Купила (что-нибудь, что-то, кое-что)?

– Да, (что-нибудь, что-то, кое-что) купила. Вон там, в пакете, посмотри.

2) – Ты свободен сегодня вечером?

– К сожалению, нет, я должен (с кем-нибудь, с кем-то, кое с кем) встретиться.

3) – Мне (кто-нибудь, кто-то, кое-кто) звонил?

– Да, (кто-нибудь, кто-то, кое-кто) звонил! Ты удивишься, когда узнаешь кто!

4) – У тебя есть (какая-нибудь, какая-то, кое-какая) интересная книга?
   – Да, у меня есть (какие-нибудь, какие-то, кое-какие) интересные книги. Ты любишь детективы?
   – Да, очень. Дай мне почитать (какой-нибудь, какой-то, кое-какой) детектив.
   – Конечно, дам. Кстати, у меня тут в офисе есть (какой-нибудь, какой-то, кое-какой) детектив. Я забыл уже, как называется, но читать интересно. Хочешь, дам?
5) – Пока вы обедали, вам (кто-нибудь, кто-то, кое-кто) звонил! (Какой-нибудь, какой-то, кое-какой) мужчина.
   – А вы не спросили кто?
   – Нет, он сказал, что он перезвонит минут через 30.

Задание 6. *Вместо точек вставьте частицы* **-то** *или* **-нибудь**. *Укажите случаи, где возможны оба варианта.*

1) – Мне кто-... звонил?
   – Да, кто-... звонил, я записала номер.
2) – Ты куда-... поедешь на Рождество?
   – Да, куда-... поеду, но куда – ещё не знаю.
3) – Андрей оставил мне что-...?
   – Да, он оставил какие-... бумаги. Вот они.
4) – У вас есть какие-... интересные видеофильмы?
   – Да, у меня есть какие-... фильмы, я забыл, какие именно.
5) – Ты где-... видел этот журнал?
   – Да, где-... в центре, в киоске. Я думаю, что ты где-... его найдёшь.
6) – Дай мне какую-... вазу, я хочу поставить цветы.
7) – Тебе звонила какая-... женщина.
   – Я думаю, что это кто-... с работы.
   – Да, может быть.
8) – Расскажи мне что-... интересное.
9) – Когда я вошла в комнату, он говорил с кем-... по телефону.
10) – Если позвонит кто-... с работы, скажи, что меня нет дома.
11) – Слышишь, кто-... звонит в дверь. Открой!
12) – Я очень хочу поехать куда-... на юг.
13) – Где-... я уже слышала эту историю. Кто-... мне уже рассказывал об этом.
14) – Давай пойдём куда-... погулять! Очень хорошая погода.

Тема 4

МОРФОЛОГИЧЕСКИЕ НОРМЫ
(продолжение)

IV. ИМЯ ЧИСЛИТЕЛЬНОЕ

Числительные — это слова, которые называют число, количество предметов и их порядковый номер.

Числительные бывают к о л и ч е с т в е н н ы е , с о б и р а т е л ь н ы е и п о р я д к о в ы е . Количественные числительные называют число (к о л и ч е с т в о) предметов и отвечают на вопрос *сколько?* (*два часа́, де́сять студе́нтов*). Собирательные числительные тоже отвечают на вопрос *сколько?*, но обозначают количество как с о в о к у п н о с т ь , общую группу лиц или предметов (*тро́е студе́нтов, дво́е но́жниц*). Порядковые числительные обозначают п о р я д к о в ы й н о м е р предмета, отвечают на вопрос *какой?* и изменяются как прилагательные (*втора́я гру́ппа, тре́тий курс*).

Количественные	Собирательные	Порядковые
Сколько?		*Какой (-ая, -ое, -ие)?*
пять студе́нтов	**пя́теро** студе́нтов	**пя́тый** студе́нт

Задание 1. *Заполните таблицу, разделив числительные на три группы.*

Количественные	Собирательные	Порядковые

Семь часов, пятый курс, три группы, семеро друзей, трое суток, пять экзаменов, седьмая страница, третье задание, пятеро детей.

1. Количественные числительные

Количественные числительные изменяются по падежам.
    Числительное **оди́н** имеет форму рода и числа: *оди́н стол, одна́ кни́га, одно́ письмо́, одни́ очки́.*

Склонение числительного *один*

И. п.	У меня́ есть	**оди́н** рубль	**одна́** копе́йка.
Р. п.	У меня́ нет	**одного́** рубля́	**одно́й** копе́йки.
Д. п.	Су́мма равна́	**одному́** рублю́	**одно́й** копе́йке.
В. п.	Я заплати́л	**оди́н** рубль	**одну́** копе́йку.
Т. п.	Я пришёл с	**одни́м** рублём	**одно́й** копе́йкой.
П. п.	Я говорю́ об	**одно́м** рубле́	**одно́й** копе́йке.

1) Множественное число для всех родов будет иметь формы:

И. п.	**одни́** очки́
Р. п.	**одни́х** очко́в
Д. п.	**одни́м** очка́м
В. п.	**одни́** очки́
Т. п.	**одни́ми** очка́ми
П. п.	в **одни́х** очка́х

2) Если существительное о д у ш е в л ё н н о е , то форма винительного падежа совпадает с формой родительного:
    Я уви́дел (кого?) **одного́** *студе́нта.*

Склонение числительных *ДВА, ТРИ, ЧЕТЫРЕ*

И. п.	У меня́ есть	**два** рубля́	**три (четы́ре)** копе́йки.
Р. п.	У меня́ нет	**двух** рубле́й	**трёх (четырёх)** копе́ек.
Д. п.	Су́мма равна	**двум** рубля́м	**трём (четырём)** копе́йкам.
В. п.	Я заплати́л	**два** рубля́	**три (четы́ре)** копе́йки.
Т. п.	Я пришёл с	**двумя́** рубля́ми	**тремя́ (четырьмя́)** копе́йками.
П. п.	Я говорю́ о	**двух** рубля́х	**трёх (четырёх)** копе́йках.

1) Числительное **два** имеет форму мужского/среднего рода (**два** стола́, **два** окна́) и женского рода (**две** кни́ги).

Сравните:

*У нас бы́ло **два** часа́ **две** мину́ты.*

*Я реши́л зада́чу за **два** часа́ **две** мину́ты.*

2) При о д у ш е в л ё н н о м существительном формы винительного и родительного падежа совпадают:

*Сего́дня не́ было **трёх** студе́нтов (Р. п.). —*

*Я встре́тил **трёх** студе́нтов и **трёх** студе́нток (В. п.).*

Задание 2. *Напишите числительные в правильной форме.*

1) Студенты писали контрольную работу более (2 часа). 2) В магазине я купил (1 журнал и 1 книга). 3) Анна пришла на вечер с (3 подруги). 4) Мы были на экскурсии в (4 города). 5) Декан разрешил (2 студента) сдавать сессию досрочно. 6) На зачёт пришли студенты из (4 группы). 7) Я вчера купил (2 книги). 8) Все пришли к (3 часа).

Склонение числительных 5—20, 30

И. п.	У меня́ есть	три́дцать	пять рубле́й.
Р. п.	У меня́ нет	тридцати́	пяти́ рубле́й.
Д. п.	Су́мма равна́	тридцати́	пяти́ рубля́м.
В. п.	Я заплати́л	три́дцать	пять рубле́й.
Т. п.	Я пришёл с	тридцатью́	пятью́ рубля́ми.
П. п.	Я говорю́ о	тридцати́	пяти́ рубля́х.

Склонение числительных 200, 300, 400, 50—80

Падеж		200, 300, 400	50—80
И. п.	У меня́ есть	две́сти	пятьдеся́т рубле́й.
Р. п.	У меня́ нет	двухсо́т	пяти́десяти рубле́й.
Д. п.	Су́мма равна́	двумста́м	пяти́десяти рубля́м.
В. п.	Я заплати́л	две́сти	пятьдеся́т рубле́й.
Т. п.	Я пришёл с	двумяста́ми	пятью́десятью рубля́ми.
П. п.	Я говорю́ о	двухста́х	пяти́десяти рубля́х.

⚡ Задание 3. *Напишите числительные в правильной форме.*

1) На собрание пришло более (200 человек). 2) Площадь дома равна (400 кв. м). 3) Город Орёл находится почти в (300 км) от Москвы. 4) Он написал контрольную работу с (12 ошибок). 5) Температура достигла (30 градусов). 6) Книга стоила более (200 рублей). 7) Температура упала до −20°. 8) В этой аудитории не более 15 кв. м.

Склонение числительных 500—900, 40, 90, 100

Падеж		500—900	40, 90, 100
И. п.	У меня́ есть	**пятьсо́т**	**со́рок** рубле́й.
Р. п.	У меня́ нет	**пятисо́т**	**сорока́** рубле́й.
Д. п.	Су́мма равна́	**пятиста́м**	**сорока́** рубля́м.
В. п.	Я заплати́л	**пятьсо́т**	**со́рок** рубле́й.
Т. п.	Я пришёл с	**пятьюста́ми**	**сорока́** рубля́ми.
П. п.	Я говорю́ о	**пятиста́х**	**сорока́** рубля́х.

⚡ Задание 4. *Напишите числительные в правильной форме.*

1) Вода кипит при (100° С). 2) В нашей группе учится более (40 человек). 3) В этой книге около (600 страниц). 4) Сумма долга была равна (900 рублей). 5) Издательство готовит новый альбом с (700 иллюстраций). 6) Я дал другу (90 рублей). 7) У моего друга не было (100 рублей). 8) Не будем говорить о (100 рублей).

Слова **ты́сяча**, **миллио́н**, **миллиа́рд** изменяются как существительные:
У меня́ нет **ты́сячи** *рубле́й.*
Дом сто́ит бо́лее **миллио́на** *рубле́й.*
Мы говори́м о **миллиа́рде** *рубле́й.*

В русском языке есть слова **полтора́/полторы́** и **полтора́ста**. *Полтора́* (мужской и средний род) и *полторы́* (женский род) — это 1,5, а *полтора́ста* — 150. Эти слова имеют только две формы.

И. п., В. п.	полтора́/полторы́	полтора́ста
Р. п., Д. п., Т. п., П. п.	полу́тора	полу́тораста

*Он рабóтает здесь бóлее **полутора** лет* (то есть больше 18 месяцев).

*Пришлó бóлее **полутораста** студéнтов* (то есть более ста пятидесяти человек).

Числительные, которые состоят из нескольких слов (такие как 67, 986, 1555), называются **составными**.

ЗАПОМНИТЕ!

В составных количественных числительных склоняются **все** слова.

Склонение составных числительных

И. п.	**тысяча пятьсóт пятьдесят пять** рублéй
Р. п.	**тысячи пятисóт пятидесяти пяти** рублéй
Д. п.	**тысяче пятистáм пятидесяти пяти** рублям
В. п.	**тысячу пятьсóт пятьдесят пять** рублéй
Т. п.	**тысячью (тысячей) пятьюстáми пятьюдесятью пятью** рублями
П. п.	о **тысяче пятистáх пятидесяти пяти** рублях

☞ **Задание 5.** *Напишите числительные в правильной форме.*

1) Нужно умножить это число на 199. Сумма равна 199.
2) Оборудование стоит 550 000 рублей. Новое оборудование стоило более 550 000 рублей.
3) Санкт-Петербург находится в 687 километрах от Москвы. Расстояние между этими городами составляет 687 километров.
4) Геологи собрали 450 образцов. Геологи отправили контейнер с 450 образцами.
5) Железо плавится при 1539 градусах Цельсия. Железо плавится при температуре 1539 градусов Цельсия.
6) Врачи провели более 640 операций. Врачи сделали 642 операции за этот год.
7) Двигатель может работать в режиме от 2000 до 4000 оборотов. Сейчас двигатель работает на 3800 оборотах.
8) Занятие продолжалось 1,5 часа. Мы писали контрольную работу более 1,5 часов.

2. Собирательные числительные

В русском языке есть небольшая группа собирательных числительных: *дво́е*, *тро́е*, *че́тверо*, *пя́теро*, *ше́стеро*, *се́меро*, *во́сьмеро*, *де́вятеро*, *де́сятеро* (формы *во́сьмеро*, *де́вятеро*, *де́сятеро* используются редко). Собирательным является также числительное *о́ба (о́бе)*, которое означает «и тот и другой» («и та и другая»). Собирательные числительные отвечают на вопрос *сколько?* и представляют несколько единиц к а к   о д н о   ц е л о е .
Сравните:

Количественные числительные	Собирательные числительные
два студе́нта	**дво́е** студе́нтов
три дру́га	**тро́е** друзе́й
четы́ре ма́льчика	**че́тверо** ма́льчиков

ЗАПОМНИТЕ!

Собирательные числительные в русском языке сочетаются:

1) с существительными, которые обозначают лиц мужского пола, детей и детёнышей животных: *дво́е детей*, *тро́е сынове́й*, *пя́теро котя́т*;

2) с существительными, которые употребляются только во множественном числе: *дво́е очко́в*, *тро́е но́жниц*, *че́тверо су́ток*;

3) с существительными, которые обозначают парные предметы: *дво́е ту́фель* (то есть «две пары туфель»);

4) с личными местоимениями: *нас бы́ло ше́стеро*, *вас бу́дет тро́е*, *их пришло́ пя́теро*.

Склонение собирательных числительных

Падеж	ДВОЕ, ТРОЕ	ЧЕТВЕРО – ДЕСЯТЕРО
И. п.	дво́е	че́тверо
Р. п.	двои́х	четверы́х
Д. п.	двои́м	четверы́м
В. п.	*как И. п. (с неодуш. сущ.) или Р. п. (с одуш. сущ.)*	*как И. п. (с неодуш. сущ.) или Р. п. (с одуш. сущ.)*
Т. п.	двои́ми	четверы́ми
П. п.	о двои́х	о четверы́х

Задание 6. *Прочитайте предложения, обратите внимание на форму числительных.*

1) Перед экзаменом я не спал двое суток. 2) Я пригласил в гости троих друзей. 3) Бабушка купила двое очков. 4) Семеро одного не ждут. 5) Я встретил шестерых студентов. 6) Пятерым студентам удалось сдать экзамен на «отлично», семеро получили оценку «хорошо», а двое не смогли сдать экзамен. 7) В прошлом году нас было четверо в группе, а сейчас нас шестеро.

Склонение числительных ОБА, ОБЕ

Падеж	Мужской и средний род	Женский род
И. п.	о́ба	о́бе
Р. п.	обо́их	обе́их
Д. п.	обо́им	обе́им
В. п.	*как И. п. (с неодуш. сущ.) или Р. п. (с одуш. сущ.)*	*как И. п. (с неодуш. сущ.) или Р. п. (с одуш. сущ.)*
Т. п.	обо́ими	обе́ими
П. п.	об обо́их	об обе́их

ЗАПОМНИТЕ!

С существительными женского рода используется только собирательное числительное **о́бе**: о́бе подру́ги, рассмотре́ть вопро́с с обе́их сторо́н, по обе́им сторона́м доро́ги, с обе́ими студе́нтками, говори́ть об обе́их де́вушках.

Задание 7. *Составьте предложения, сделав правильный выбор.*

1) По обеим сторонам дороги	были допущены ошибки.
2) В обеих частях курсовой работы	малыш поймал мяч.
3) С обоими студентами	росли высокие деревья.
4) Обеими руками	удалось получить пятёрки.
5) Обоим студентам	вчера разговаривал декан.

3. Порядковые числительные

Порядковые числительные обозначают п о р я д к о в ы й н о м е р п р е д м е -
т а , отвечают на вопрос *какой? какая? какое? какие?* и изменяются, как
прилагательные, по падежам, родам и числам: **пе́рвый** *курс,* **втора́я** *гру́ппа,*
тре́тье *зада́ние,* **четвёртые** *но́жницы,* **двухты́сячный** *год.*

ЗАПОМНИТЕ!

Если порядковое числительное состоит из нескольких слов, изменяется
только последнее слово:
Мой друг живёт на **два́дцать второ́м** *этаже́.*
Лифт подня́лся на **два́дцать второ́й** *эта́ж.*
Я спусти́лся пешко́м с **два́дцать второ́го** *этажа́.*

В русском языке порядковые числительные служат для обозначения
даты:
А.С. Пу́шкин роди́лся **в ты́сяча семьсо́т девяно́сто девя́том году́.**
А.С. Пу́шкин роди́лся **шесто́го ию́ня ты́сяча семьсо́т девяно́сто**
девя́того го́да.

Склонение порядковых числительных

И. п.	Сего́дня **два́дцать второ́е** декабря́.
Р. п.	Он роди́лся **два́дцать второ́го** декабря́.
Д. п.	Ну́жно э́то сде́лать к **два́дцать второ́му** декабря́.
В. п.	Я переписа́л конспе́кт за **два́дцать второ́е** декабря́.
Т. п.	Это случи́лось пе́ред **два́дцать вторы́м** декабря́.
П. п.	Мы говори́м о **два́дцать второ́м** декабря́.

✐ ***Задание 8.*** *Напишите числительные в правильной форме.*

1) Первый семестр начинается 1 сентября.
2) Я должен сдать работу до 25 декабря.
3) Студенты проходят практику ежегодно, начиная с 3 курса.
4) Библиотека будет закрыта после 27 июня.

5) Это произошло между 22 и 26 января.
6) Он не сдал лабораторную работу за 18 октября.
7) Я написал заявление 24 апреля.
8) Мой друг сдал сессию к 31 мая.
9) Статьи на конференцию будут принимать с 5 по 9 мая.

4. Дробные числительные

Дробное числительное состоит из двух частей: первая часть называется **числитель** (это к о л и ч е с т в е н н о е числительное), вторая часть называется **знаменатель** (это п о р я д к о в о е числительное). Например: *1/2 – однá вторáя; 2/3 – две трéтьих; 3/4– три четвёртых; 0,4 – четы́ре деся́тых.*

Склонение дробных числительных

Падеж	1/2	2/3	5/10
И. п.	однá вторáя	две трéтьих	пять деся́тых
Р. п.	однóй вторóй	двух трéтьих	пяти́ деся́тых
Д. п.	однóй вторóй	двум трéтьим	пяти́ деся́тым
В. п.	однý вторýю	две трéтьих	пять деся́тых
Т. п.	однóй вторóй	двумя́ трéтьими	пятью́ деся́тыми
П. п.	однóй вторóй	двух трéтьих	пяти́ деся́тых

И. п.	Это **семь деся́тых** плóщади страны́.
Р. п.	Это бóлее **семи́ деся́тых** плóщади страны́.
Д. п.	Это равнó **семи́ деся́тым** плóщади страны́.
В. п.	Это составля́ет **семь деся́тых** плóщади страны́.
Т. п.	В сравнéнии с **семью́ деся́тыми** плóщади страны́...
П. п.	Мы говори́м о **семи́ деся́тых** плóщади страны́.

ЗАПОМНИТЕ!

При склонении дробного числительного изменяются все его части, а существительное при числительном стоит в р о д и т е л ь н о м п а д е ж е: *однóй пя́той (чего?) плóщади, двумя́ деся́тыми (чего?) объёма* и т. д.

63

☞ ***Задание 9.*** *Напишите числительные в правильной форме.*

1) В Северном полушарии расположено 2/3 суши Земли.
2) Более 2/3 поверхности Земли занимают океаны.
3) 4/5 пресной воды на Земле находится в шапках полярного льда и ледниках.
4) Русские составляют более 4/5 населения Российской Федерации.
5) Азия занимает 1/3 часть всей поверхности суши.
6) 3/5 населения Земли проживает в Азии – это 3,7 миллиарда человек.
7) Леса занимают около 2/3 территории района.
8) Квартал – это 1/4 часть года.

5. Числительное в составе сложных слов

Рассмотрим сложные слова, в состав которых входит числительное.

1. Слова с элементом ***дву-/двух-*** имеют два варианта образования (основным является написание ***двух-***), такие слова нужно проверять по словарю.

ДВУХ-	ДВУ-
двуха́томный	двуо́кись
двухме́стный	двучле́н
двухчасово́й	двууглеки́слый
двухэта́жный	двузна́чный
двухэлеме́нтный	двуеди́ный
двухъя́русный и др.	двусмы́сленный и др.

В нескольких случаях оба варианта равноправны, например:
двусторо́нний – двухсторо́нний;
двусло́жный – двухсло́жный.

☞ ***Задание 10.*** *Составьте словосочетания, используя слова из левой и правой колонок. Проверьте значение слов по словарю.*

двухцветный	словарь
двухпроцентный	покрытие
двухслойное	увеличение
двуязычный	флаг
двуглавый	раствор
двукратное	орёл

2. В таких словах, как **60-ле́тний**, **15-страни́чный**, **250-ле́тие**, первым элементом является количественное числительное в форме **родительного падежа**, поэтому правильно произносить эти слова нужно так: «*шестидесятиле́тний, пятнадцатистрани́чный, двухсотпятидесятиле́тие*». Исключение составляют слова с первым элементом 90 и 100: **90-ле́тие**, **100-метро́вый**, которые пишутся *девяностоле́тие, стометро́вый* и т. п. В таких сложных словах числительное обычно пишется цифрами, а между ним и вторым элементом слова ставится дефис.

Задание 11. *Прочитайте сложные слова, обращая внимание на форму числительного.*

15-тонный грузовик; 20-кратное увеличение; 2% раствор; 4-летний ребёнок; 40-летний мужчина; 45-летие университета; 200-метровая высота; 860-летие города; 100-летнее здание.

V. ГЛАГОЛ

Глагол — это часть речи, объединяющая слова, которые обозначают действия, процессы, состояния и развитие признака во времени.

При изучении глаголов одна из самых трудных тем — «Виды глагола». Что такое вид, для чего в русском языке существует эта грамматическая категория? Такой категории нет ни в английском, ни в испанском, ни во французском языке!

Система глагольных времён в русском языке достаточно простая: она включает только прошедшее, настоящее и будущее время. Время глагола показывает, к о г д а происходило, происходит или будет происходить действие. Категория времени не даёт никакой информации о том, к а к происходило, происходит или будет происходить действие — один раз или много раз, в определённое время или обычно, было действие протяжённым или мгновенным, являлось ли действие законченным и сохраняется ли результат этого действия к настоящему моменту. В других языках эта информация передаётся различными временными формами. Так, в английском языке существует сложная система времён, где есть, например, несколько форм прошедшего времени (Past Simple, Past Continuous, Past Perfect), каждая из которых даёт информацию не только о том, к о г д а происходило действие, но и к а к оно происходило.

В русском языке информацию о том, к а к происходило, происходит или будет происходить действие, передаёт категория **вида**. Очевидно, что одно и то же действие люди могут описывать по-разному: иногда им нужно подчеркнуть, что действие было протяжённым, а иногда это оказывается неважным для говорящего. Иногда говорящий хочет сделать акцент на том, что прошлое действие было законченным и его результат сохраняется к настоящему моменту, а иногда законченность и результат прошлого действия для говорящего не важны — он просто называет действие, которое было (например, при ответе на вопрос *Что вы де́лали вчера́ ве́чером?* говорящий просто перечисляет прошлые действия). Поэтому очень часто выбор вида глагола зависит от намерения говорящего: что именно он хочет сообщить слушателю, на чём хочет сделать акцент.

Существуют стандартные речевые ситуации, в которых возможно использование только одного конкретного вида, но в реальной жизни часто возникают речевые ситуации, когда, в зависимости от нашей интенции, мы сами выбираем тот или иной вид.

1. Употребление глаголов НСВ и СВ в прошедшем времени

№	НСВ	СВ
1	Глаголы НСВ в прошедшем времени **называют** действие, не давая никакой информации о его законченности или незаконченности: *Утром Андре́й* **чита́л** *газе́ту.* Именно глаголы НСВ используются в ответах на вопросы типа *Что ты де́лал вчера́? Почему́ ты был там? Заче́м ты е́здил туда́?* и т. п. 1) – *Что ты* **де́лал** *вчера́?* – **Писа́л** *рефера́т.* 2) – *Заче́м ты* **е́здил** *в аэропо́рт?* – *Я* **встреча́л** *дру́га.* 3) – *Почему́ ты* **был** *в библиоте́ке?* – *Я* **гото́вился** *к семина́ру.*	Глаголы СВ в прошедшем времени **называют** действие и подчёркивают, что оно **закончилось**: *Утром Андре́й* **прочита́л** *газе́ту.*

☐━ **Задание 1.** *Ответьте на вопросы.*

Образец: Вы были в магазине? Что вы делали там? – Я **покупал** продукты.

1) Ты приехал из аэропорта? Что ты там делал?
2) Ты идёшь из библиотеки? Что ты там делал?
3) Вы приехали с вокзала? Почему вы были там?
4) Они приехала с рынка? Что они там делали?
5) Ты был у Ирины? Зачем ты ходил к ней?

Слова для справок: встречать друга, провожать сестру, покупать овощи, рассказывать о Риме, читать новые журналы.

☐━ **Задание 2.** *Ответьте на вопросы, используя нужный глагол.*

1) – Где ты взял эту книги? – Почему ты опоздал на урок?	покупать – купить
2) – Почему его нет на уроке? – Почему он пришёл только на последний экзамен?	болеть – заболеть
3) – Почему вы опоздали на встречу? – Вы взяли у него документы?	встречаться – встретиться
4) – Вы готовы к экзамену? – Чем вы были так заняты на прошлой неделе?	готовиться – подготовиться
5) – Вы поняли, как решать эту задачу? – Почему на семинаре ты всё время разговаривал с Андреем?	объяснять – объяснить
6) – Почему у него такое хорошее настроение? – Почему ты вернулся домой так поздно?	сдавать – сдать
7) – Почему он приехал на метро? – Раньше Олег работал в магазине?	продавать – продать

№	НСВ	СВ
2	Глаголы НСВ в прошедшем времени обозначают **процесс** действия (без указания на результат): *Мари́на весь день **писа́ла** рефера́т.*	Глаголы СВ в прошедшем времени обозначают **результат** действия: *Она́ **написа́ла** прекра́сный рефера́т.*
3	Глаголы НСВ в прошедшем времени обозначают **повторяющееся** действие: *Он всегда́ **приноси́л** мне ро́зы.*	Глаголы СВ в прошедшем времени обозначают **однократное** действие: *Вчера́ он **принёс** тюльпа́ны.*
4	Глаголы НСВ в прошедшем времени обозначают **повторяющийся процесс** действия: *Андре́й всегда́ до́лго **чита́л** но́вые те́ксты.* Глаголы НСВ в этом значении могут сочетаться со словами, отвечающими на вопрос *сколько раз?* (*два ра́за, пять раз* и т. д.), а также со словами *иногда́, всегда́, обы́чно* и т. д.: *Я **встреча́лся** с ним **два ра́за**.* *Мы **всегда́** ьстреча́лись в це́нтре.*	Глаголы СВ в прошедшем времени обозначают **повторяющееся законченное** действие (**повторяющийся результат**): *Андре́й **прочита́л** но́вый текст три ра́за.* Глаголы СВ в этом значении могут сочетаться со словами, отвечающими на вопрос *сколько раз?* (*два ра́за, пять раз* и т. д.), но не могут сочетаться со словами, отвечающими на вопрос *как часто?* (*иногда́, всегда́, обы́чно* и т. д.): *Я **встре́тился** с ним **два ра́за**.*

Задание 3. *Выберите нужный глагол. Укажите возможные варианты.*

1) Раньше она всегда (готовила – приготовила) этот салат.

2) Я (писал – написал) это слово пять раз и наконец выучил, как оно пишется.

3) Ты уже (читал – прочитал) это письмо?

4) Преподаватель обычно подробно (объяснял – объяснил) нам новый материал. Вчера материал был очень трудный, и он (повторял – повторил) его три раза.

5) Каждый день она (звонила – позвонила) мне на работу. Вчера она (звонила – позвонила) мне шесть раз.

6) Утром Миша (делал – сделал) гимнастику. Каждое упражнение он (делал – сделал) десять раз.

7) Вчера у меня сломался компьютер. Я попробовал перезагрузить его, (включал – включил) и (выключал – выключил) его раза четыре, не ничего не получилось.

8) Всё лето я (получал – получил) от него письма. Несколько раз я (получал – получил) не только письма, но и фотографии.

9) Обычно он (решал – решил) задачи очень быстро.

10) Я (читал – прочитал) это письмо три раза, но так ничего и не понял.

(продолжение)

№	НСВ	СВ

5	Глаголы НСВ в прошедшем времени используются в вопросе, когда спрашивающий **не знает, было ли** у отвечающего **намерение** совершить действие, о котором идёт речь:
	
	1) – Ты **смотре́л** э́тот фи́льм?
	  – Да, **смотре́л (посмотре́л)**.
	
	2) – Вы **звони́ли** Мари́не?
	  – Нет, не **звони́л (не позвони́л)**.
	
	3) – Вы уже́ **покупа́ли** э́тот торт?
	  – Нет, никогда́ **не покупа́л**.
		Глаголы СВ в прошедшем времени используются в вопросе, когда спрашивающий **знает**, что у отвечающего **было намерение** совершить действие, о котором идёт речь:
		
		1) – Ты **посмотре́л** э́тот фильм? (я знаю, что ты собирался это сделать)
		  – Да, **посмотре́л (смотре́л)**.
		
		2) – Ты **позвони́л** Мари́не, как мы договори́лись?
		  – Нет, **не позвони́л (не звони́л)**, у меня́ не́ было вре́мени.
		
		3) – Вы **купи́ли** э́тот торт, как собира́лись?
		  – Нет, **не купи́л**. Я был в магази́не ве́чером, то́рты уже́ зако́нчились.

6	Глаголы НСВ в прошедшем времени с отрицанием выражают **отсутствие действия**: – *Он* **сдавáл** *экзáмен?* – *Нет, ещё* **не сдавáл.**	Глаголы СВ в прошедшем времени с отрицанием выражают **отсутствие результата**: – *Он* **сдал** *экзáмен?* – **Сдавáл**, *но* **не сдал**. *Бýдет готóвиться и попрóбует ещё раз óсенью.*

7	Глаголы НСВ в прошедшем времени с отрицанием используются, когда отвечающий хочет показать, что он не имел **никакого отношения** к действию:
	1) – *Почемý ты* **взял** *мой карандáш?*
	   – *Я* **не брал**.
	2) – *Кто* **откры́л** *окнó? Ты?*
	   – *Я* **не открывáл**.	

Задание 4. *Дайте отрицательные ответы на вопросы, цель которых – выяснить:*

а) было или **не было** *совершено запланированное действие*

1) Ты посмотрел этот фильм? – Нет, я не…
2) Марина принесла тебе конспект? – Нет, она не…
3) Вы сказали декану об этом? – Нет, я не…
4) Ты уже приготовила этот салат? – Нет, я не…
5) Антон позвонил в банк? – Нет, он не…
6) Вы подготовились к семинару? – Нет, я не…
7) Ты надел шапку? – Нет, я не…

б) кто *совершил действие*

1) Это **ты** выключил компьютер? – Нет, я не…
2) **Марина** принесла тебе конспект? – Нет, она не…
3) **Ты** приготовила этот салат? – Нет, я не…
4) **Антон** позвонил в банк? – Нет, он не…
5) **Вы** сказали декану об этом? – Нет, я не…
6) **Ты** дал Косте списать упражнение? – Нет, я…
7) **Вы** помогли ему решить задачу? – Нет, я не…

Задание 5. Дайте отрицательные ответы на вопросы, помня, что глаголы НСВ с частицей **НЕ** обозначают абсолютное неучастие субъекта в действии, о котором идёт речь.

О б р а з е ц : Почему ты рассказал ей мой секрет? – Я **не рассказывал**, она сама узнала.

1) Почему ты дал ему деньги?
2) Почему вы открыли окно?
3) Зачем ты сделал это?
4) Почему ты предложил ему пойти с нами?
5) Зачем ты купил эти сувениры?
6) Почему он солгал?
7) Почему ты съел все конфеты?

(продолжение)

№	НСВ	СВ
8	Глаголы НСВ в прошедшем времени могут использоваться для выражения действия **ограниченной длительности**: 1) *Я **сиде́л** там мину́т 20.* 2) *Мари́на **жила́** на да́че всё ле́то.* 3) *Он **лежа́л** в больни́це три неде́ли.*	Для выражения действия **ограниченной длительности** могут использоваться и глаголы СВ в прошедшем времени (с приставками по- и про-): 1) *Я **ПОсиде́л** там мину́т 20.* (Приставка по- означает «немного, недолго».) 2) *Мари́на **ПРОжила́** на да́че всё ле́то.* 3) *Он **ПРОлежа́л** в больни́це три неде́ли.* (Приставка про- подчёркивает, что действие было начато, продолжалось без перерывов и было полностью закончено в ограниченном интервале времени. При этом говорящий часто хочет подчеркнуть, что интервал был достаточно длительным.)

Задание 6. *Выберите нужный глагол. Укажите возможные варианты.*

1) Погода была плохая, но мы всё равно немного (гуляли – погуляли) в парке.
2) Он (был – пробыл) на семинаре весь день.
3) Она (ждала – подождала) его минут десять и ушла.
4) Мы (сидели – посидели) за столом недолго, потому что на следующий день нам нужно было рано вставать.
5) Я немного (читал – почитал) и пошёл спать.
6) Обычно я немного (читал – почитал) перед сном и быстро засыпал.
7) Они (были – пробыли) на даче до начала августа.
8) Моя бабушка всю жизнь (жила – прожила) на Украине.
9) Он (спал – проспал) почти весь день.
10) Чаще всего мы (говорили – проговорили) недолго.

(окончание)

№	НСВ	СВ
9	Некоторые глаголы НСВ в форме прошедшего времени имеют значение аннулированности результата действия, т. е. **результат** был раньше, но к моменту речи он **не сохранился**: – *Окно́ **закры́то**, но в ко́мнате хо́лодно. Ты **открыва́л** окно́?* (открыл и пото́м закрыл) В этом значении используются: а) глаголы движения с приставками при-, у-, за-, в-, вы-, под-, от-; б) глаголы динамики: ***ложи́ться, сади́ться, ста́вить, класть, поднима́ться, спуска́ться***; в) некоторые другие глаголы: ***открыва́ть, закрыва́ть, брать, дава́ть, включа́ть, включи́ть*** и др.	Глаголы СВ, составляющие глагольную пару с глаголами, перечисленными в левой части таблицы, в прошедшем времени выражают ситуацию, когда **результат** к моменту речи **сохранился**: – *Окно́ **откры́то**. Это ты **откры́л** окно́?* (открыл и сейчас окно открыто).

1) Мой друг **брал** у меня́ э́тот журна́л. (взял и вернул обратно, журнал сейчас у меня́)	1) Мой друг **взял** у меня́ э́тот журна́л. (у меня сейчас нет журнала)
2) Ко мне **приходи́л** мой друг. (пришёл и ушёл, сейчас его здесь нет)	2) Ко мне **пришёл** мой друг. (мой друг сейчас у меня)

Задание 7. *Используйте нужный глагол в форме прошедшего времени.*

1) – В комнате так холодно! Окно открыто!
   – Да, это я … окно. (открывать – открыть)
2) – Окно закрыто, а в комнате так холодно!
   – Я … окно на пять минут. (открывать – открыть)
3) – А где мой журнал? Он лежал тут, на столе!
   – Я думаю, это Антон … . (брать – взять)
4) – Почему альбом лежит не на месте?
   – Это я … альбом посмотреть фотографии. (брать – взять)
5) – У тебя есть эта книга?
   – Нет, сейчас нет. Мне … её Андрей, но я уже вернул. (давать – дать)
6) – У тебя есть эта книга?
   – Да, есть. Андрей … мне её вчера. (давать – дать)
7) – А где Михаил?
   – Его нет, он … . (выходить – выйти)
8) – Где ты был сегодня днём? Я звонил тебе несколько раз, но никто не брал трубку!
   – Я ненадолго … . (выходить – выйти)
9) – А где Дима? Он ушёл?
   – Нет, он на минутку … к машине, потому что забыл в машине телефон. (спускаться – спуститься)
10) – Где ты был? Я думал, ты дома, и удивился, что ты не открыл дверь!
   – Я … выбросить мусор. (спускаться – спуститься)

2. Употребление глаголов НСВ и СВ в императиве

№	НСВ	СВ
1	Императив НСВ выражает **просьбу**, **совет** или **команду** выполнять **повторяющееся** действие: 1) ***Принима́йте*** *витами́ны ка́ждый день!* 2) ***Звони́те*** *мне ча́ще.* 3) ***Мо́йте*** *ру́ки пе́ред едо́й.*	Императив СВ выражает **просьбу**, **совет** или **команду** выполнить **единичное** действие: 1) ***Прими́те*** *это лека́рство че́рез два часа́.* 2) ***Позвони́те*** *мне сего́дня ве́чером.* 3) ***Вы́мой*** *ру́ки, они́ у тебя́ гря́зные.*

Задание 8. *Употребите данный в скобках глагол в форме императива.*

1) (Повторить), пожалуйста, я ничего не понял.
2) (Встать), пожалуйста, я хочу сесть.
3) (Узнать), что сегодня идёт в театре!
4) (Простить) его за всё!
5) (Забыть) всё, что он сказал!
6) (Вспомнить), куда ты положил ключи.
7) (Попросить) её приготовить чай.
8) (Подписать) заявление у декана.
9) (Положить) документы в портфель.
10) (Купить) цветы для Марины, у неё сегодня день рождения.
11) (Поймать) такси!
12) (Спуститься) вниз на лифте.

Задание 9. *Измените предложения с императивом из задания 8, выразив своё желание, чтобы действие выполнялось регулярно. Предложите своё объяснение, почему это следует делать.*

О б р а з е ц : **Сядь** около окна. – Всегда **садись** около окна, там светлее.

№	НСВ	СВ
2	Императив НСВ может выражать желание говорящего, чтобы действие было начато **немедленно, срочно**: 1) *А сейча́с **чита́йте** текст на страни́це 18.* (начинайте читать прямо сейчас, немедленно). 2) ***Буди́** Андре́я!* (начинай будить Андрея прямо сейчас, немедленно) 3) *Аня проси́ла позвони́ть ей до 10 часо́в. Уже́ 9.30. **Звони́** Ане!* (начинайте звонить немедленно)	1) *До́ма **прочита́йте** текст на страни́це 18.* 2) ***Разбуди́** Андре́я за́втра в 8 часо́в.* 3) ***Позвони́** Ане и договори́сь с ней о встре́че.*
3	Императив НСВ может выражать желание говорящего, чтобы действие выполнялось **определённым образом**: 1) ***Открыва́й** окно́ осторо́жно: там разби́то стекло́!* 2) ***Расска́зывай** подро́бно, я хочу́ знать все дета́ли.*	1) ***Откро́й** окно́, пожа́луйста.* 2) ***Расскажи́** о твое́й пое́здке.*

Задание 10. *Выберите подходящий по смыслу глагол. Объясните свой выбор.*

1) (Вызывай – вызови) мастера по ремонту факса. И (вызывай – вызови) прямо сейчас, мы не можем работать без факса.

2) (Отправляйте – отправьте) эти документы с курьером. И (отправляйте – отправьте) побыстрее, пока курьер не ушёл.

3) (Заканчивай – закончи) писать отчёт сам. И (заканчивай – закончи) как можно скорее, у нас нет времени.

4) (Открывай – открой), пожалуйста, окно. Ну, (открывай – открой) быстрее, мне плохо от духоты!

5) (Посылай – пошли) Антона на вокзал за билетами. И (посылай – пошли) прямо сейчас – чем скорее у нас будут билеты, тем лучше.

6) (Думай – подумай), что подарить Лене на день рождения. И (думай – подумай) побыстрее, её день рождения будет завтра.

Задание 11. *Выберите подходящий по смыслу глагол. Объясните свой выбор.*

1) … мне письмо. И … подробнее, я хочу знать всё. (пиши – напиши) 2) … мне чаю! Только … осторожно, он горячий. (наливай – налей) 3) … мне, как доехать до парка. И … подробнее, я плохо знаю этот район. (объясняй – объясни) 4) … такси! … такси на шоссе, там больше машин. (лови – поймай) 5) … вазу из коробки. И … осторожнее, она хрустальная. (вынимай – вынь) 6) … этот конверт в сумку. Только … поглубже, там деньги, а в метро много воров. (клади – положи) 7) … меня минут десять, я закончу работу, и мы вместе пойдём домой. Только лучше … меня в приёмной, там удобные кресла. (жди – подожди) 8) … молоко из холодильника. Ну, скорее … ! Завтрак уже на столе. (доставай – достань). 9) …, как прошло интервью. И … подробнее, мне всё интересно. (рассказывай – расскажи)

(продолжение)

№	НСВ	СВ
4	Для глаголов движения и некоторых глаголов динамики императив НСВ выражает **просьбу, предложение, приглашение** или доброжелательное **разрешение** совершить **единичное** действие:	Для глаголов движения и некоторых глаголов динамики императив СВ выражает **приказ, распоряжение, требование, совет, указание** или **разрешение** совершить **единичное** действие:
	1) – **Заходи́те** *ко мне!* (приглашение)	1) – **Зайди́те** *ко мне!* (приказ)
	2) – **Проходи́те** *в середи́ну ваго́на!* (просьба)	2) – **Пройди́те** *в середи́ну ваго́на!* (распоряжение)
	3) – *Мо́жно сесть?*	3) – *Мо́жно сесть?*
	– *Да,* **сади́тесь,** *пожа́луйста.* (доброжелательное разрешение)	– *Да,* **сядь.** (разрешение)

	4) – **Звони́те** в любо́е вре́мя! (предложение)	4) – **Позвони́те** мне за́втра. (указание) 5) – **Пойди́** к врачу́! (совет) 6) – **Заплати́те** за интерне́т сего́дня. (указание)
5	В некоторых **стандартных ситуациях** (приём гостей, обслуживание в магазине, ресторане и т. д.) используется обычно императив НСВ: 1) – **Сади́тесь, бери́те** фру́кты! (приглашение, предложение) 2) – Мо́жно положи́ть э́ти бума́ги в па́пку? – Коне́чно, **клади́те**. (разрешение) 3) – Мо́жно позвони́ть вам домо́й? – Да, пожа́луйста, **звони́те** в любо́е вре́мя. (разрешение) 4) – Покажи́те, пожа́луйста, каки́е у вас есть откры́тки. – Вот, пожа́луйста, **выбира́йте**. (предложение) 5) – Вот меню́, **смотри́те**. (предложение)	

Зада́ние 12. Прочитайте текст, выбрав глагол в нужной форме. Укажите возможные варианты.

В гостях

О, это ты? Я ужасно рад, что ты пришёл. (Проходи – пройди), (раздевайся – разденься)! (Садись – сядь) в кресло, (чувствуй – почувствуй) себя как дома! Ну, (рассказывай – расскажи), как дела, что у тебя нового. Я поставлю чайник, а ты пока (рассказывай – расскажи). (Ешь – съешь) торт, он очень вкусный. (Бери – возьми) кусок побольше, он низкокалорийный. И (пей – выпей) чай – он с мятой и очень приятный.

Тебе уже пора уходить? Нет, пожалуйста, (оставайся – останься), я сейчас покажу тебе мои новые фотографии. (Смотри – посмотри), это я на море.

Ты всё-таки уходишь? Ну, ладно, только (обещай – пообещай), что зайдёшь ко мне ещё в ближайшее время. (Передавай – передай) привет твоей сестре. Пока!

№	НСВ	СВ
6	Императив НСВ **с отрицанием** выражает **просьбу**, **совет** или **распоряжение не совершать** действие: 1) – **Не опа́здывай** в университе́т! Преподава́тели э́того не лю́бят! 2) – **Не оставля́йте** свои́ ве́щи в ваго́нах! 3) – **Не покупа́й** э́тот журна́л, он неинтере́сный!	Императив СВ **с отрицанием** выражает **предостережение, опасение, предупреждение**, чтобы не было совершено **нежелательное действие**. Такое использование характерно для глаголов, обозначающих нежелательное действие (*заболе́ть, потеря́ть, забы́ть, испа́чкаться, опроки́нуть, упа́сть, поскользну́ться, слома́ть, разби́ть, порва́ть, разли́ть* и т. д.). Для подобных глаголов трудно или вообще невозможно найти ситуации, где используется императив без частицы *НЕ* (например: *Испа́чкайся! Опроки́нь! Потеря́й!*). Для них более стандартна конструкция с *НЕ*: *Не испа́чкайся! Не опроки́нь! Не потеря́й!* Во фразах с такими глаголами часто есть слова **осторо́жно** и **смотри́**: 1) – Уже́ 8.50. **Смотри́ не опозда́й** на уро́к! 2) – **Осторо́жно**, **не упади́**, тут ско́льзко. 3) – **Не испа́чкайся**, тут о́чень гря́зно. Иногда возможно использование и других глаголов СВ в форме императива с отрицанием — тоже в значении **предостережения**, **предупреждения**, чтобы случайно не произошло нежелательное действие: 1) – **Смотри́ не скажи́** об э́том Андре́ю! Это секре́т! 2) – Эта кни́га из библиоте́ки, **смотри́ не оста́вь** её где́-нибудь!

Зада́ние 13. *Замените предложения с императивом из задания 8 отрицательными конструкциями. Обратите внимание на употребление видов глагола. Предложите своё объяснение, почему данное действие не следует выполнять.*

О б р а з е ц : **Сядь** около окна. – **Не садись** около окна, там холодно.

78

Задание 14. *Выберите нужную форму глагола.*

1) Эта ваза очень дорогая. Смотри не (разбивай – разбей)!
2) Тут так темно! Осторожно, не (падай – упади)!
3) Уже очень поздно, смотри не (опаздывай – опоздай) на вокзал!
4) Чай горячий, не (обжигайся – обожгись)!
5) Смотри не (говори – скажи) Тане, что ты уже всё знаешь!
6) Эта игрушка из пластика. Смотри не (ломай – сломай)!
7) Я даю тебе деньги, смотри не (теряй – потеряй) их на рынке.
8) Нож очень острый. Осторожно, не (режься – порежься)!
9) Не (рви – порви) новое платье!
10) Сегодня ужасно много машин. Смотри не (попадай – попади) в пробку!
11) Он не должен видеть эти фотографии. Смотри случайно не (показывай – покажи) их ему!
12) Ты едешь в отпуск? Смотри не (забывай – забудь) взять фотоаппарат!
13) Эти документы нужно оформлять очень внимательно. Смотри не (оформляй – оформи) что-нибудь неправильно!

Задание 15. *Употребите глагол нужного вида в императиве.*

1) (Закрывать – закрыть), пожалуйста, окно – очень холодно! И (закрывать – закрыть) осторожно, там разбито стекло.
2) Когда уходишь из дома, всегда (закрывать – закрыть) дверь на ключ.
3) Не (закрывать – закрыть) окно – тут ужасно душно.
4) Не (включать – включить) телевизор! Я готовлюсь к зачёту!
5) (Включать – включить) телевизор, там сейчас будет очень хороший фильм. (Включать – включить) быстрее, фильм, наверное, уже начался.
6) (Рассказывать – рассказать), как ты отдыхал. И (рассказывать – рассказать) подробно! Мне всё интересно!
7) Смотри не (рассказывать – рассказать) Володе, что случилось вчера. Я не хочу, чтобы он об этом узнал.

3. Употребление глаголов НСВ и СВ
с частицей ДАВАЙ (ДАВАЙТЕ)

Для выражения приглашения к с о в м е с т н о м у д е й с т в и ю в русском языке используется частица **дава́й (дава́йте)**. Предложения с этой частицей строятся по следующим моделям:

№	НСВ	СВ
1	**Дава́й(те) чита́ть** текст! (сейчас, немедленно)	**Дава́й(те) прочита́ем** э́тот текст! (один раз, сейчас или в будущем)
2	**Дава́й(те) писа́ть** пи́сьма ка́ждый день! (**повторяющееся** действие)	**Дава́й(те) напи́шем** письмо́ сего́дня! (один раз, сейчас или в будущем)
3	**Дава́й(те) идти́** ме́дленно! (действие нужно совершать **определённым образом**)	**Дава́й(те) пойдём** в кино́! (один раз, сейчас или в будущем)

ОБРАТИТЕ ВНИМАНИЕ!

Дава́й(те) **пойдём**! = **Пойдём**!
Дава́й(те) **ходи́ть ка́ждый де́нь**!
Дава́й(те) **идти́ ме́дленно**.
Пошли́! (сейчас, немедленно)

В разговорной речи возможны сочетания частицы **дава́й(те)** и императива НСВ. Такие сочетания подчёркивают желание говорящего, чтобы действие было совершено немедленно:

Дава́й встава́й! = Встава́й **дава́й**! = Встава́й!
Дава́й пиши́! = Пиши́ **дава́й**! = Пиши́!

Задание 16. Используйте подходящий по смыслу глагол в нужной форме.

1) Давайте (покупать – купить) этого котёнка! Он такой хорошенький!

2) Давайте (покупать – купить) все книги этого писателя.

3) Давай (гулять – погулять) в парке каждое воскресенье.

4) Давай (приглашать – пригласить) в гости Марину.

5) Давайте (встречаться – встретиться) чаще.

6) Давайте (встречаться – встретиться) завтра вечером.

7) Давай (вставать – встать) завтра пораньше: у нас очень много дел.

8) Давай (вставать – встать), уже почти 7.30.

9) Давайте (вставать – встать) по субботам пораньше – так мы больше успеем.

10) Давай (садиться – сесть) около окна.

4. Употребление глаголов НСВ и СВ в инфинитиве

№	НСВ	СВ
1	После глаголов, обозначающих **начало**, **продолжение** или **завершение** действия используется только инфинитив НСВ. *ЗАПОМНИТЕ!* Инфинитив НСВ используется после глаголов: *начина́ть – нача́ть; продолжа́ть – продо́лжить; зака́нчивать – зако́нчить; стать; принима́ться – приня́ться; надоеда́ть – надое́сть; перестава́ть – переста́ть; прекраща́ть – прекрати́ть; броса́ть – бро́сить; учи́ться – научи́ться; устава́ть – уста́ть; разду́мать; расхоте́ть; разлюби́ть; переду́мать; разучи́ться; отгова́ривать – отговори́ть; привыка́ть – привы́кнуть; отвыка́ть – отвы́кнуть.* 1) *Преподава́тель **нача́л (продо́лжил, зако́нчил, стал, принялся́) объясня́ть** но́вый материа́л.* 2) *Мне **надое́ло (я уста́л) повторя́ть** одно́ и то́ же.* 3) *Анто́н **переста́л (прекрати́л, разду́мал, переду́мал, расхоте́л) звони́ть** Ири́не.* 4) *Мой брат **бро́сил кури́ть**.* 5) *Он **разучи́лся (научи́лся) говори́ть** по-англи́йски.* 6) *Я **разлюби́ла смотре́ть** э́ту програ́мму.* 7) *Друзья́ **отговори́ли** меня́ **покупа́ть** э́ту да́чу.* 8) *Он **привы́к (отвы́к) встава́ть** ра́но.*	После глаголов **забы́ть, успе́ть, смочь, уда́ться, оста́ться** используется только инфинитив СВ: 1) *Я **забы́л поздра́вить** Игоря с днём рожде́ния.* 2) *Я так ра́да, что **успе́ла купи́ть** биле́ты.* 3) *К сожале́нию, мы **не смогли́ дозвони́ться** в аэропо́рт.* 4) *Хорошо́, что вам **удало́сь встре́титься** с дире́ктором.* 5) *Ири́не **оста́лось прочита́ть** всего́ 10 страни́ц.*

Задание 17. *Выберите глагол нужного вида. Объясните свой выбор.*

1) Я ещё не успел (посылать – послать) это письмо.

2) Мы раздумали (устраивать – устроить) эту вечеринку.

3) Ура! Нам удалось (ловить – поймать) такси.

4) Он опять забыл (писать – написать) ответ на этот факс.

5) Музыка закончилась, и все перестали (танцевать – потанцевать).

6) Как я устала (улыбаться – улыбнуться)!

7) Нам надоело (ждать – подождать) его, и мы ушли домой.

8) Друзья отговорили меня (осматривать – осмотреть) этот монастырь.

9) Стол уже готов к приёму гостей, осталось только (класть – положить) салфетки.

10) Перестаньте (смеяться – засмеяться)!

11) Он уже привык всегда и везде (выигрывать – выиграть).

12) Он начал (описывать – описать), что случилось в пятницу.

13) Я отвык (вставать – встать) так рано.

14) Как ты смог (заставлять – заставить) его сделать это?

15) Извините, я не успел (отвечать – ответить) на ваше письмо.

16) Я так рада, что он прекратил (звонить – позвонить) мне домой каждый вечер.

17) Они передумали (строить – построить) дачу.

18) Она привыкла (объяснять – объяснить) всё много раз.

(продолжение)

№	НСВ	СВ
2	После слов **не ну́жно, не на́до, не сто́ит** и **не сле́дует** используется инфинитив НСВ: **Не ну́жно (не на́до, не сто́ит, не сле́дует) открыва́ть** окно́.	После слов **ну́жно, на́до, мо́жно, сто́ит** и **сле́дует** обычно используется инфинитив СВ: 1) **Ну́жно (на́до, сто́ит, сле́дует) откры́ть** окно́. 2) **Мо́жно откры́ть** окно́?

Задание 18. *Измените предложения по образцу. Предложите своё объяснение, почему данное действие не нужно выполнять.*

О б р а з е ц : Нужно **купить** новый словарь. – Не нужно **покупать** новый словарь, у меня есть хороший словарь, я тебе дам.

82

1) Нужно встретить Мишу в аэропорту.
2) Нужно заплатить за квартиру.
3) Нужно выбросить старые журналы.
4) Следует убрать бумаги со стола.
5) Надо попросить деньги у соседки.
6) Нужно посоветоваться с Ириной.
7) Следует отказаться от помощи.
8) Нужно оставить работу на завтра.
9) Стоит пожалеть этого человека.
10) Нужно решить этот вопрос прямо сейчас.
11) Надо проснуться завтра раньше.
12) Следует сообщить об этом директору.
13) Нужно обязательно оформить все документы сегодня.
14) Стоит дать ему время подумать.
15) Следует поспешить – мы уже опаздываем.
16) Надо взять эту книгу у Андрея.
17) Нужно извиниться за опоздание.

Задание 19. *Попросите разрешение произвести действие.*

О б р а з е ц : Вам надо договориться о встрече. (звонить – позвонить)
– Можно **позвонить**?

1) У вас нет ручки. (брать – взять)
2) Вы устали стоять. (садиться – сесть)
3) Друг принёс фотографии. (смотреть – посмотреть)
4) Вы стоите около двери. (входить – войти)
5) Вам нужно получить документы в четверг. (оформлять – оформить)

(продолжение)

№	НСВ	СВ
3	После слов **нýжно**, **нáдо**, **мóжно**, **стóит** и **слéдует** в некоторых ситуациях может использоваться инфинитив НСВ:	

1) **Нýжно (мóжно, нáдо, стóит, слéдует) открывáть** окнó кáждый день. (необходимость, совет, рекомендация, возможность или разрешение совершать **повторяющееся** действие)	1) **Нýжно (мóжно, нáдо, стóит, слéдует) откры́ть** окнó. (необходимость, совет, рекомендация, возможность или разрешение совершить действие **один раз**)
2) **Нýжно (нáдо, стóит, слéдует) открывáть** окнó осторóжно: там разбúто стеклó. (выбор глагола НСВ особо **подчёркивает** необходимость, совет или рекомендацию совершить действие определённым образом)	2) **Нýжно (нáдо, стóит, слéдует) откры́ть** окнó осторóжно: там разбúто стеклó. (необходимость, совет или рекомендация совершить действие определённым образом **не подчёркивается** видом глагола)
3) Ужé 12 часóв! **Нýжно (нáдо, слéдует) открывáть** шампáнское! Быстрée! (выбор глагола НСВ особо **подчёркивает** необходимость начать действие немедленно)	3) Ужé 12 часóв! **Нýжно (нáдо, слéдует) откры́ть** шампáнское! (необходимость начать действие немедленно особо **не подчёркивается**)

Задание 20. *Выберите нужный глагол. Объясните свой выбор.*

1) Не стоит (ложиться – лечь) так поздно.
2) Стоит (слушать – послушать) совет врача.
3) Стоит (готовить – приготовить) этот салат почаще.
4) Ему не стоит (посылать – послать) эти документы по почте.
5) Вам следует (советоваться – посоветоваться) с адвокатом.
6) Ему стоит каждый день (слушать – послушать) этот аудиокурс.
7) Стоит регулярно (посещать – посетить) такие концерты.
8) Не следует (говорить – сказать) Марине об этом.
9) Следует (покупать – купить) эту книгу.
10) Не следует (звонить – позвонить) Саше так поздно.
11) Вам следует (подписывать – подписать) эти документы у декана.
12) Ему не следует (соглашаться – согласиться) на это предложение.

Задание 21. *Выберите глагол нужного вида. Укажите возможные варианты.*

1) За телефон нужно (платить – заплатить) регулярно.
2) Я принёс деньги за экскурсию. Кому нужно (платить – заплатить)?
3) Нужно (сообщать – сообщить) об этом директору.
4) Итак, вы поняли, как писать этот текст? Ну, можно (начинать – начать)!
5) Мне надо (писать – написать) реферат к пятнице. Ужасно не хочется, но что делать? Надо (писать – написать) прямо сейчас!
6) Не надо (класть – положить) в суп так много соли!
7) Эту книгу можно (брать – взять) у Антона. Он сказал, что у него всегда можно (брать – взять) книги.
8) Надо (рассказывать – рассказать) ей об этом. Надо (рассказывать – рассказать) подробно, ей будут интересны все детали.
9) Мне можно (звонить – позвонить) поздно: я не ложусь раньше двенадцати.

ЗАПОМНИТЕ!

В русском языке нет словосочетания *не мо́жно*. Нужно использовать слова **нельзя́** или **невозмо́жно**.

(продолжение)

№	НСВ	СВ
4	Инфинитив НСВ после слова **нельзя́** выражает **запрещение** или **нежелательность** действия: *Этот шкаф **нельзя́** (= **запрещено́**) открыва́ть, потому́ что там лежа́т секре́тные материа́лы.* *Ему́ **нельзя́** (= **нежела́тельно**) дава́ть де́ньги – он не вернёт.*	Инфинитив СВ после слова **нельзя́** выражает **невозможность** действия: *Этот шкаф **нельзя́** (= **невозмо́жно**) откры́ть, потому́ что у нас нет ключа́.* ***Нельзя́** (= **невозмо́жно**) дать* гара́нтии, что э́та исто́рия не повтори́тся.

85

Задание 22. *Замените предложения отрицательными конструкциями. Обратите внимание не употребление видов глагола. Предложите своё объяснение, почему данное действие не следует выполнять.*

Образец: Нужно **открыть** окно. – Окно **нельзя открывать**, на улице много комаров.

1) Нужно договориться со стоматологом на завтра.
2) Нам нужно отказаться от этого приглашения.
3) Тебе нужно простить Игоря.
4) Нужно решить всё сейчас.
5) Нужно выпить пива.
6) Нужно остановиться за углом.
7) Нужно выйти из дома в 11.30.
8) В воскресенье нужно сыграть в теннис.
9) На конференции вам нужно помолчать.
10) В данной ситуации нам нужно отложить решение.

Задание 23. *Выберите нужный глагол. Объясните свой выбор.*

1) Он всегда врёт. Ему нельзя (верить – поверить). Нельзя (верить – поверить), что эта история могла случиться в наше время.
2) Собака очень злая, к ней нельзя (подходить – подойти). На выставке сегодня так много людей, что нельзя (подходить – подойти) к картинам.
3) К сожалению, нельзя (исправлять – исправить) эти ошибки быстро – их слишком много. В финансовых документах нельзя ничего (исправлять – исправить).
4) Нельзя (красть – украсть) чужие вещи. В банке такая серьёзная охрана, что оттуда нельзя ничего (красть – украсть).
5) Мать сказала дочери, что нельзя (знакомиться – познакомиться) с молодыми людьми на улице. Он очень известный актёр, и, к сожалению, с ним нельзя (знакомиться – познакомиться).
6) У него очень трудная подпись. Её нельзя (подделывать – подделать). Нельзя (подделывать – подделать) финансовые документы.
7) Нельзя (заменять – заменить) экзаменационные материалы. К сожалению, сейчас нельзя (заменять – заменить) эти материалы, у нас пока нет других.
8) Нельзя (вызывать – вызвать) врача домой, если у больного нет температуры. Нельзя (вызывать – вызвать) врача домой, у меня нет телефона поликлиники.

9) Нельзя (отправлять – отправить) эти документы по почте, они могут потеряться. Нельзя (отправлять – отправить) эти документы по почте, их слишком много.
10) Нельзя (отдавать – отдать) эту книгу в библиотеку, я её ещё не прочитала. Сегодня нельзя (отдавать – отдать) книги в библиотеку, потому что библиотека закрыта.

(продолжение)

№	НСВ	СВ
5	После глагола **хоте́ть** с отрицанием, конструкции **не хоте́л(-а, -и) бы** и слова **до́лжен (должна́, должны́)** обычно используется инфинитив НСВ: *Я **не хочу́ (не хоте́л бы, не до́лжен) звони́ть** Андре́ю.*	После глагола **хоте́ть**, конструкции **хоте́л(-а, -и) бы** и слова **до́лжен (должна́, должны́)** обычно используется инфинитив СВ: *Я **хочу́ (хоте́л бы, до́лжен) позвони́ть** Андре́ю.*
6	После глагола **хоте́ть**, конструкции **хоте́л(-а, -и) бы** и слова **до́лжен** без отрицания может использоваться инфинитив НСВ (для выражения **повторяющегося** действия или когда говорящий хочет сделать акцент **на процессе**, а не на результате действия): 1) *Я **хочу́ (хоте́л бы, до́лжен) покупа́ть** э́ти кни́ги регуля́рно.* (**повторяющееся** действие) 2) *Я **хочу́ (хоте́л бы, до́лжен) писа́ть** кни́гу и поэ́тому пое́ду на три ме́сяца в дере́вню.* (акцент на **процессе**)	1) *Я **хочу́ (хоте́л бы, до́лжен) купи́ть** э́ти кни́ги.* (**одиночное** действие) 2) *Я **хочу́ (хоте́л бы, до́лжен) написа́ть** кни́гу и получи́ть пре́мию Бу́кера.* (акцент на **результате**)

Задание 24. *Выберите глагол нужного вида. Объясните свой выбор.*

1) Я хотел бы (встречаться – встретиться) с ним завтра.
2) Вы должны (приглашать – пригласить) Марину на этот концерт.
3) Завтра обещают дождь. Мне кажется, вы должны (откладывать – отложить) экскурсию.
4) Я не хотела бы (рассказывать – рассказать) эту историю ещё раз.

5) Я хотел бы (отдыхать – отдохнуть) там каждое лето.
6) Я думаю, вы должны (писать – написать) ему сегодня.
7) Завтра я должен (уезжать –уехать) из дома очень рано.
8) Вы не должны (спешить – поспешить) с ответом – можете подумать ещё неделю.
9) Он хочет (показывать – показать) мне свою коллекцию.
10) Она не хочет (класть – положить) деньги в банк.
11) Он должен (ждать – подождать) до понедельника.
12) Он сказал, что не должен (сдавать – сдать) экзамен в этом году.
13) Вы хотите (получать – получить) зарплату еженедельно?
14) Я хочу часто (встречаться – встретиться) с друзьями.
15) В субботу я хочу (встречаться – встретиться) с друзьями.
16) Завтра я хотел бы (просыпаться – проснуться) пораньше.

(окончание)

№	СВ
7	В отрицательных конструкциях со словом **до́лжен** (**должна́**, **должны́**) может использоваться инфинитив СВ – такая конструкция выражает абсолютную **уверенность** говорящего, что действия не будет: 1) *Он **не до́лжен забы́ть** о встре́че: я позвони́л ему́ вчера́ и напо́мнил.* (я уверен, что он не забудет) 2) *Я зна́ю его́ как до́брого челове́ка – он **не до́лжен отве́тить** нам отка́зом.* (я уверен, что он не откажет) 3) *Серге́й **не до́лжен опозда́ть**, он зна́ет, что мы встреча́емся в 9.00.* (я уверен, что Сергей не опоздает)

Задание 25. *Выберите глагол нужного вида. Объясните свой выбор.*

1) Сегодня суббота, и я не должен (уезжать – уехать) из дома.
2) Позвони ему сейчас. Сейчас ещё рано, и он ещё не должен (уезжать – уехать).
3) Он всегда говорит только правду, и сейчас он не должен (лгать – солгать).
4) Если она спросит вас об этом, вы не должны ей (лгать – солгать) – скажите правду.
5) Вы не должны (бросать – бросить) работу над проектом. Ваша тема очень перспективна.
6) Сейчас он хорошо чувствует себя, и я думаю, что он не должен (бросать – бросить) свою работу, как он хотел сделать раньше.
7) Он очень аккуратный человек, и я думаю, что он не должен (терять – потерять) документы.

88

8) В любом случае ты не должен (терять – потерять) голову.
9) Такие вещи не должны (случаться – случиться) в наше время.
10) Не нервничай, я уверен, что ничего плохого не должно (случаться – случиться).
11) Сегодня пятница, и мы не должны (ложиться – лечь) спать рано.
12) Позвони Борису сейчас, ещё только одиннадцать, он ещё не должен (ложиться – лечь) спать.
13) Родители не должны (баловать – избаловать) детей.
14) Я уверена, что за две недели бабушка и дедушка не должны сильно (баловать – избаловать) ребёнка.
15) При стабильной экономической ситуации цены не продукты не должны сильно (изменяться – измениться).
16) Ты можешь купить компьютер осенью, я думаю, что цены на технику не должны сильно (изменяться – измениться) за два месяца.
17) Вы не должны (брать – взять) чужие вещи.
18) Она не должна (брать – взять) чужие вещи – она честная женщина.

VI. НАРЕЧИЕ

Наречие — это часть речи, которая объединяет слова, обозначающие признак действия, предмета или другого признака. Например: *вкусно готовит* (признак действия), *яйца всмятку* (признак предмета), *экономически грамотный* (признак признака).

1. Употребление наречий *ТОЖЕ* и *ТАКЖЕ*

Наречие	Значение	Употребление
ТОЖЕ	В равной мере, равным образом, таким же образом.	1. Относится обычно к предикату (стоит **до** или **после** предиката) и не может менять смысл предложения: *Вчера он приходил к нам, завтра он тоже придёт.* 2. Если относится к другим членам предложения (не к предикату), то стоит обычно **перед** членом, к которому относится:

		Виктор был у нас вчера́ ве́чером, обеща́л прийти́ за́втра, тоже ве́чером. 3. Не может стоять в начале предложения.
ТАКЖЕ	1. В равной мере, равным образом, таким же образом. В этом значении — синоним *тоже* (для книжной речи). 2. Вместе с тем, кроме того, одновременно. В этом значении *та́кже* не является синонимом *тоже*: *Кро́ме обы́чной шко́лы Ни́на посеща́ет та́кже музыка́льную.*	1. Может употребляться с союзом **а**: *Мы купи́ли я́блоки, виногра́д, сли́вы, а та́кже большу́ю ды́ню.* 2. Может стоять в начале предложения.

ЗАПОМНИТЕ!

Мы употребляем только слово **та́кже**, если его можно заменить словами **кро́ме того́** или **одновре́менно**. Если замена невозможна, используется как *тоже*, так и *та́кже*.

Задание 1. *Используйте в предложениях слова* **тоже** *или* **также**. *Укажите случаи, где возможны обе формы.*

1) Виктор прочитал этот журнал и дал его мне, чтобы я ... прочитал его.
2) В саду мы увидели чудесную красную розу, а потом другой цветок, ...розу, но белую.
3) В газете пишут о космической станции и проблемах финансирования космических исследований. В этой же газете написано ... о конгрессе преподавателей русского языка.

4) Я никогда не пил чая вкуснее этого. Скажу ... , что у него очень красивый золотистый цвет.
5) Утром дети пошли в парк. Я... пошла с ними.
6) Вы можете посмотреть этот фильм в нашем кинотеатре, а ... в кинотеатре «Октябрь».
7) После школы я поступил в университет. Мой друг ... поступил в этот университет.
8) Мы сделали это упражнение, а ... прочитали текст.
9) В детстве Лена любила петь. Она любила ... рисовать акварелью.
10) Моя подруга пишет дневник. Я ... решила писать дневник.
11) Летом дети отдыхали в деревне. Их бабушка ... отдыхала с ними.
12) Мои студенты недавно ездили в Каунас. Они побывали ... в Риге и Таллине.
13) Вчера мы весь день гуляли по городу. Мой друг Андрей ... гулял с нами.
14) Почему вы не принесли эту книгу? Я ... хочу прочитать её.
15) Кроме английского языка, в этой школе преподают ... французский и испанский.
16) Вы смотрели этот спектакль? Моя сестра ... смотрела, и ей ... не понравилось.
17) Они прислали мне открытку, ... я получила от них посылку на Рождество.

2. Употребление количественных наречий

Иностранцам часто трудно выбрать правильное количественное наречие (*о́чень, мно́го, ма́ло, немно́го, чуть-чу́ть, совсе́м, соверше́нно, абсолю́тно, чересчу́р, сли́шком, почти́, доста́точно, гора́здо*) в сочетании с глаголами, прилагательными, наречиями и существительными.

Наречие	С глаголами	С прилага-тельными	С наречиями	С существи-тельными
ОЧЕНЬ	*о́чень* **уста́л**, *о́чень* **удиви́лся**, *о́чень* **измени́лся** (с глаголами, описывающими **состояние, эмо-ции, внешность**)	*о́чень* **интере́сный/ интере́сен**, *о́чень* **тру́дный/ тру́ден**	*о́чень* **ра́но**, *о́чень* **интере́сно**, *о́чень* **мно́го**, *о́чень* **ма́ло**	

МНОГО	мно́го **рабо́тает**, мно́го **зна́ет**, мно́го **чита́ет**		мно́го **люде́й**, мно́го **де́нег**
МАЛО	ма́ло **рабо́тает**, ма́ло **зна́ет**, ма́ло **измени́лся** (в отличие от слова **мно́го** может сочетаться с глаголами, описывающими **состо́яние**, эмоции и др., как слово **о́чень**)		ма́ло **де́нег**, ма́ло **люде́й**
НЕМНОГО	немно́го **почита́л**, немно́го **поговори́л**, немно́го **погуля́л**	немно́го **тру́дный/ тру́ден/ трудне́е**, немно́го **холо́дный/ хо́лоден/ холодне́е**	немно́го **бы́стро/ быстре́е**, немно́го **ра́но/ ра́ньше**	немно́го **люде́й**, немно́го **де́нег**
ЧУТЬ-ЧУТЬ	чуть-чу́ть **отдохну́л**, чуть-чу́ть **полежа́л**		чуть-чу́ть **ра́ньше**, чуть-чу́ть **быстре́е** (обычно со сравнительной степенью наречий)	чуть-чу́ть **любви́**, чуть-чу́ть **са́хара**, чуть-чу́ть **со́ли** (обычно с абстрактными существительными или с существительными—названиями продуктов)

СОВСЕМ / СОВСЕМ НЕ	*совсе́м* **забы́л**, *совсе́м* **не по́мню**	*совсе́м* **гото́в**, *совсе́м* **но́вый**, *совсе́м* **больно́й/ бо́лен**	*совсе́м* **тепло́**, *совсе́м* **не интере́сно**	
СОВЕР- ШЕННО = АБСОЛЮТ- НО	*соверше́нно (абсолю́тно)* **не жда́л**, *соверше́нно (абсолю́тно)* **не по́мню**	*соверше́нно (абсолю́тно)* **пра́вильный**, *соверше́нно (абсолю́тно)* **пусто́й/пуст**	*соверше́нно (абсолю́тно)* **ве́рно**, *соверше́нно (абсолю́тно)* **одина́ково**	
СЛИШКОМ = ЧЕРЕСЧУР	*Я сли́шком (чересчу́р)* **уста́л**. *Он сли́шком (чересчу́р)* **измени́лся**.	*сли́шком (чересчу́р)* **коро́ткий/ коро́че**, *сли́шком (чересчу́р)* **высо́кий/ высо́к**	*сли́шком (чересчу́р)* **по́здно**, *сли́шком (чересчу́р)* **мно́го**, *сли́шком (чересчу́р)* **до́рого**	
ПОЧТИ	*почти́* **не уста́л**, *почти́* **забы́л**, *почти́* **зако́нчил**	*почти́* **но́вый**, *почти́* **гото́в**, *почти́* **чёрный**	*почти́* **одина́ково**, *почти́* **жа́рко**	*почти́* **студе́нт**
ДОСТА- ТОЧНО	*доста́точно* **отдохну́л**, *доста́точно* **спа́л**	*доста́точно* **большо́й/ вели́к**, *доста́точно* **си́льный/ силён**	*доста́точно* **светло́**, *доста́точно* **хорошо́**	*доста́точно* **де́нег**, *доста́точно* **молока́**
ГОРАЗДО = НАМНОГО = ЗНАЧИ- ТЕЛЬНО		*гора́здо* **бо́льше**, *гора́здо* **интере́снее** (со сравни- тельной степенью)	*гора́здо* **ча́ще**, *гора́здо* **скоре́е** (со сравнитель- ной степенью)	

Задание 2. *Используйте в предложениях наречия* **очень**, **много**, **мало**, **немного**, **чуть-чуть**, **совсем**, **совершенно**, **абсолютно**, **слишком**, **чересчур**, **почти**, **достаточно**, **гораздо**, **значительно**, **намного**. *Укажите возможные варианты.*

1) Москва в последнее время ... изменилась.
2) Я ... устал и потому не позвонил тебе.
3) Этот студент ... работает.
4) Мы ... поговорили и решили вернуться к этой проблеме ещё раз.
5) Мои друзья ... помогают мне в этом деле.
6) Я ... забыл, что мы договорились встретиться в пятницу.
7) Они ... дёшево купили эту дачу.
8) Я ... устал, чтобы пойти куда-нибудь.
9) Этот текст ... трудный для меня.
10) Я перезвоню тебе ... позднее, хорошо?
11) Не ходи на этот фильм, он ... не интересный!
12) Я думаю, что сегодня на улице ... холодно, чтобы гулять в парке.
13) Я купила ... такой же свитер, но ... дороже! Обидно!
14) Эта колбаса ... вкуснее, чем та, которую мы купили в субботу.
15) Завтра я ... свободна, поэтому приглашаю тебя в парк.
16) В комнате ... светло? Может быть, включить свет?
17) Боюсь, у меня не ... денег, чтобы купить эту машину.
18) Я не буду сегодня больше работать! Я уже ... сделал сегодня!
19) Всё, ... отдыхать, садимся работать!
20) Он ... знает.
21) Можно, я ... отдохну?
22) Я ... не помню, куда я положил эти документы.
23) Положи в суп ... соли.
24) Ты не можешь идти ... быстрее?
25) Сегодня ... жарче, чем вчера.
26) Прежде чем что-нибудь сделать, надо ... подумать!

Тема 5

МОРФОЛОГИЧЕСКИЕ НОРМЫ
(окончание)

VII. ПРЕДЛОГИ

Предлог — это служебная часть речи, которая сочетается с существительными, прилагательными, числительными и глаголами и выражает различные отношения между словами в предложении.

Некоторые трудные случаи выбора предлогов *на, для, от, за*

Предлог	Конструкция	Значение и употребление	Пример
ДЛЯ	для + Р. п.	**Назначение** или **цель** чего-либо.	крем **для** рук, батаре́йка **для** часо́в, стака́н **для** со́ка, де́ньги **для** Та́ни
ОТ	от + Р. п.	**Часть** от целого (отдельный элемент какого-либо предмета).	ключ **от** шка́фа, пу́говица **от** пальто́, кры́шка **от** кастрю́ли, но́жка **от** стола́
НА	на + В. п.	1) После слов **разреше́ние, докуме́нт, ви́за, реце́пт** и некоторых других. *ОБРАТИТЕ ВНИМАНИЕ: разреше́ние, ви́за, докуме́нт, реце́пт —* виды деловых бумаг.	1) разреше́ние **на** рабо́ту, докуме́нты **на** прода́жу, ви́за **на** прожива́ние, реце́пт **на** лека́рство

		2) После глаголов **движения, динамики** и некоторых других, а также после слова **ну́жен** (при указании на отрезок времени, в течение которого планируется сохранение результата действия).	2) *пое́хать **на** три дня, е́здить **на** неде́лю, лечь **на** де́сять мину́т, арендова́ть маши́ну **на** неде́лю, включи́ть **на** пять мину́т, запо́мнить **на** всю жизнь, закры́ть **на** ме́сяц, мне э́то ну́жно **на** три дня*
		3) После глаголов **договори́ться, перенести́, отложи́ть** и **заказа́ть**.	3) *договори́ться **на** суббо́ту, перенести́ **на** ве́чер, отложи́ть **на** неде́лю, заказа́ть **на** 10.30*
		4) После глаголов **есть, предложи́ть, пить, пригласи́ть, заказа́ть, пригото́вить** и перед словами **за́втрак, обе́д, у́жин, гарни́р, десе́рт, чай, пе́рвое, второ́е, сла́дкое.** (при указании времени).	4) *съесть **на** обе́д, пригото́вить **на** у́жин, пить **на** за́втрак, есть **на** сла́дкое, съесть **на** пе́рвое, заказа́ть **на** гарни́р, пригласи́ть **на** чай, предложи́ть **на** десе́рт*
ЗА	ЗА + Т. п.	1) Обозначение **цели** после глаголов движения.	1) *пойти́ **за** хле́бом, сбе́гать **за** молоко́м, сходи́ть **за** ребёнком в шко́лу*
	ЗА + В. п.	2) После слов **спаси́бо, извини́те** и глаголов **плати́ть, отвеча́ть** (= быть ответственным).	2) *спаси́бо **за** звоно́к, плати́ть **за** у́жин, отвеча́ть **за** рабо́ту*

| | | 3) После слов **беспоко́иться, волнова́ться, боя́ться, ра́доваться.** | 3) беспоко́иться **за** сы́на, ра́доваться **за** до́чь, волнова́ться **за** неё, беспоко́иться **за** жи́знь |
| | | 4) Указание **периода времени**, в течение которого действие будет **закончено.** | 4) вы́пить лека́рство **за** мину́ту, сде́лать **за** два часа́, убра́ть **за** полчаса́, объясни́ть **за** две мину́ты, измени́ться **за** полго́да, подгото́виться **за́** день |

ЗАПОМНИТЕ!

Пода́рок (приглаше́ние, цветы́) **для** Та́ни (для человека),
на сва́дьбу (Рождество́, день рожде́ния, пра́здник) (на мероприятие, на дату);
биле́т **на** по́езд (самолёт),
в кино́ (теа́тр, музе́й),
на вы́ставку (стадио́н, концéрт),
для дру́га.

Задание 1. Используйте в предложениях предлоги **на**, **для**, **от**, **за**. Объясните свой выбор.

1) Я где-то потерял пуговицу ... куртки. Надо купить новые пуговицы ... этой куртки.

2) У меня есть ... вас хорошие новости! Завтра Миша приезжает в Москву ... дня!

3) Сколько я вам должен ... эту книгу? Кстати, как фамилия художника, который делал ... неё иллюстрации?

4) Извините, у вас нет ключа ... этого шкафа?

5) Можно пригласить вас ... концерт? Я заказал два билета ... завтра.

6) Мы были так рады ... него! Победа на таком конкурсе – это большой успех ... молодого музыканта.

7) Что ты хочешь … ужин? У меня есть всё … салата «Цезарь». Ты любишь этот салат?

8) Мне надо купить крем … рук, мой почти закончился.

9) Можно я открою окно … пять минут?

10) Сегодня коллоквиума не было, его перенесли … четверг … 11.30.

11) Где моя ручка? Я положил её сюда ровно … пять минут, и её уже нет! Кто … пять минут мог её взять? Колпачок … ручки лежит, а самой ручки нет!

12) Это очень лёгкий материал, я могу объяснить тебе всё … пять минут!

13) Врач выписал мне рецепт … лекарство.

14) Надо сходить … ребёнком в детский сад.

15) Мы ездили … две недели на юг.

16) Надо купить подарки … Рождество и … Новый год.

17) Я получил приглашение … свадьбу своих друзей.

18) Не помню, куда я положил билеты … поезд. Не могу найти!

VIII. ЧАСТИЦЫ

Частицы – это служебные слова, которые выражают дополнительные смысловые и эмоционально-экспрессивные оттенки предложений, словосочетаний и отдельных слов.

Частицы играют важную роль в понимании смысла текста и речи. Такие «маленькие» слова встречаются в речи очень часто и могут кардинально изменять её смысл. Познакомьтесь с некоторыми из них.

№	Тип частиц	Частицы	Комментарий	Пример
1	**Вопроси-тельные**	ЛИ, РАЗВЕ, НЕУЖЕЛИ, ЧТО ЗА	**ли** используется в косвенном вопросе, относится к какому-либо слову в этом вопросе и всегда стоит **после** этого слова, имеет значение «или нет».	*Интере́сно, бу́дет* **ли** *за́втра дождь (не будет* **ли** *завтра дождя́)?* (= Интересно, будет завтра дождь **или нет**.)

			РАЗВЕ выражает удивление спрашивающего, обычно стоит в **начале** предложения, но может стоять и в **середине**. (*Ты разве не слышал об этом?*)	**Разве** ты не слышал об этом? (= Я удивлён, что ты не знаешь об этом.)
			НЕУЖЕЛИ выражает удивление и недоверие спрашивающего. Обычно стоит в **начале** предложения.	**Неужели** Антон не вернул тебе деньги? (= Я удивлён и выражаю сомнение, что Антон не вернул тебе деньги.)
			ЧТО ЗА имеет значение «какой» и всегда стоит в **начале** предложения. *ОБРАТИТЕ ВНИМАНИЕ!* Эта частица может использоваться не только в вопросе, но и в восклицании (см. ниже).	**Что за** фильм ты смотрел? (= Какой фильм ты смотрел?)
2	**Усилительные**	ДАЖЕ, И, ЖЕ (Ж), ВЕДЬ, НИ	**ДАЖЕ** и **И** — синонимы, всегда стоят **перед** тем словом, к которому относятся.	Это **даже** ребёнок понимает. = Это **и** ребёнок понимает.
			ЖЕ и **ВЕДЬ** близки по значению. **ВЕДЬ** относится ко всему предложению и может стоять в любом месте.	Я **же** тебе говорил. = **Ведь** я тебе говорил. = Я **ведь** говорил тебе. = Я говорил **ведь** тебе.

			ЖЕ может относиться как ко всему предложению (тогда может стоять в **любом** месте), так и к одному слову (тогда стоит **после** этого слова).	*Он **же** ничего́ не зна́ет об э́том. = Он ничего́ **же** не зна́ет об э́том. = Он ничего́ не зна́ет **же** об э́том. Он позвони́т сего́дня **же**. У него́ така́я **же** маши́на.*
			НИ усиливает отрицание.	*Не могу́ ждать **ни** мину́ты.*
3	**Восклица-тельные**	КАК, НУ И, ЧТО ЗА	Выражают эмоции говорящего (положительные или отрицательные) и всегда стоят в **начале** предложения.	***Как** хорошо́ сего́дня!* (= Очень хорошо сегодня.) ***Ну и** уста́л я сего́дня!* (= Я очень устал сегодня.) ***Ну и** вкус у тебя́!* (= У тебя очень хороший или очень плохой вкус.) ***Что за** глу́пости ты говори́шь!* (= Какие глупости ты говоришь!)
4	**Ограничи-тельные**	ТОЛЬКО = ЛИШЬ = ЛИШЬ ТОЛЬКО	Эти частицы — синонимы, они всегда стоят **перед** тем словом, к которому относятся.	*Он верне́тся **то́лько** (= **лишь** = **лишь то́лько**) за́втра.*

5	Указа́тельные	вот, вон, это	Стоят в **нача́ле** предложения и относятся ко всему предложению.	**Вот** наш дом. **Вон** идёт наш преподава́тель. **Это** мой дом.
6	**Отрица́тельные**	НЕ	**не** всегда стоит **перед** тем словом, к которому относится.	Он **не** позвони́л мне. Он позвони́л **не** мне. **Не** он позвони́л мне.
7	Выража́ющие **сомнение**	якобы	**якобы** выражает сомнение и стоит **перед** словом, к которому относится.	Я прочита́л э́ту **я́кобы** интере́сную кни́гу. Ви́ктор **я́кобы** забы́л позвони́ть.

ОБРАТИТЕ ВНИМАНИЕ!

Слово **неуже́ли** в вопросе является интонационным центром, а слово *ра́зве* — нет:

Ра́зве он **не прие́дет**?
Неуже́ли он не прие́дет?

Зада́ние 1. *Прочитайте предложения и объясните, какое значение придают им выделенные частицы.*

1) **Даже** ты не сможешь понять этот текст. Ты не сможешь понять **даже** этот текст.

2) Я **даже** ещё не начинала работу над этой статьей. Я ещё не начинала работу **даже** над этой статьей.

3) **Только** мы будем жить на этой даче. Мы будем жить **только** на этой даче. Мы будем **только** жить на этой даче.

4) Вчера я приготовила **только** салат. **Только** вчера я приготовила салат. Вчера **только** я приготовила салат.

5) Я сегодня **не** ходил в офис. Я сегодня ходил **не** в офис.

6) **Ведь** ты знаешь, что я имею в виду. Ты **ведь** знаешь, что я имею в виду. Ты знаешь **ведь**, что я имею в виду.
7) Я **же** купила себе такую ручку. Я купила себе такую **же** ручку.
8) Эта книга **и** нам нужна. Эта книга нам **и** нужна.
9) Интересно, будет **ли** завтра этот концерт? Интересно, завтра **ли** будет этот концерт? Интересно, этот **ли** концерт будет завтра?
10) Он сказал, что **якобы** забыл все деньги дома. Он сказал, что забыл **якобы** все деньги дома. Он сказал, что забыл все деньги **якобы** дома.

IX. МЕЖДОМЕТИЯ

Междометия – это слова, которые выражают чувства и побуждения, но не называют их.

Междометия, выражающие чувства	Междометия, выражающие побуждения
1. **Ах**, кака́я сего́дня пого́да! (восхище́ние)	1. **Алло́**! Кто э́то говори́т? (ответ на телефонный звонок)
2. **Ах**, как хорошо́, что ты позвони́л! (радость)	2. **Ау**! Вы где? (просьба ответить)
3. **Ах**, как там бы́ло стра́шно! (страх)	3. **Эй**, верни́сь! (привлечение внимания)
4. **Ах**, как жа́лко, что ты не пое́хал с на́ми! (сожаление)	4. **На** тебе́ (**на́те** вам) конфе́ту. (побуждение взять что-нибудь)
5. **Ах ты**, парази́т! (злость)	5. **Карау́л**! Убива́ют! (просьба о помощи)
6. **Ох**, как мне э́то надое́ло! (досада)	6. **Ти́ше**! Здесь нельзя́ разгова́ривать! (просьба молчать)
7. **Ой**, я бою́сь! (страх)	
8. **Эх**, ты! Как же ты забы́л? (упрёк)	7. **Марш** домо́й! (приказ быстро начать движение)
9. **Фу**, кака́я га́дость! (отвращение)	8. **Стоп**! (приказ остановиться)
10. **Ура́**! Я сдал экза́мен! (восторг)	9. **Вон**! (= уходи!)
11. **Спаси́бо**! Вы мне так помогли́! (благодарность)	10. **Брысь**! (приказ уйти для кошки)
12. **Увы́**! Я не смогу́ прие́хать к вам! (сожаление)	
13. **Ба**! Кого́ я ви́жу! (радость и удивление)	
14. **Ой**! Я поре́зал па́лец! (боль)	
15. **Ага́**! Я всё по́нял! (удовлетворение)	

16. **Огó**, *какóй большóй арбýз!*
    (удивление)
17. **Ух ты**, *как ты вы́рос за лéто!*
    (удивление)
18. **Ну и ну**! *Где ты так испáчкался?*
    (удивление и упрёк)
19. **Эх ты**! *Опя́ть забы́л кни́гу дóма?*
    (упрёк)

ОБРАТИТЕ ВНИМАНИЕ!
    Большинство междометий, выражающих чувства, многозначны (см. примеры 1—5).

Задание 1. *Прочитайте предложения и скажите, что выражают выделенные междометия.*

1) **Ой**, как на улице хорошо!
2) **Ах**, какой был чудесный концерт!
3) **Ой**, как больно!
4) **Ура**! Наша команда выиграла!
5) **Ау**! Есть тут кто-нибудь?
6) **Тсс**… Говорите тихо, ребёнок спит!
7) **Внимание! Марш**!
8) **Нате** мой телефон!
9) **Караул**! Он украл у меня кошелёк!
10) **Эй**, ты меня слышишь?
11) **Ух**, как много ты написал!
12) **Ах**! Как хорошо!
13) **Вон**! Я не хочу тебя видеть!
14) **Фу**! Как тут грязно!
15) **Эх**! Почему я не подумал об этом раньше!
16) **Ай**! Ты сделал мне больно!
17) **Ох**, как я устал!

Задание 2. *Придумайте свои предложения с междометиями.*

Тема 6

СЛОВООБРАЗОВАТЕЛЬНЫЕ НОРМЫ

Словообразовательные нормы — это правила образования слов различных частей речи. Соблюдение словообразовательных норм предполагает знание способов (моделей) образования слов, объединённых общим значением, а также их употребления с учётом смысловых, эмоционально-экспрессивных и стилистических оттенков.

1. Словообразовательные модели существительных

1. В русском языке выделяется большая группа о т г л а г о л ь н ы х существительных, обозначающих д е й с т в и е , п р о ц е с с или р е з у л ь т а т. Большинство этих существительных относятся к среднему роду и имеют суффиксы -АНИ-, -ЯНИ-, -ЕНИ-, -НИ-, -ТИ- (-И-), -СТВ-.

Задание 1. *Прочитайте существительные и напишите глаголы, от которых они образованы.*

Изучение, выполнение, запрещение, открытие, влияние, исследование, использование, изобретение, наблюдение, создание, творчество, проведение, изготовление, предотвращение, посещение, выступление, награждение, опубликование, развитие, вдохновение, описание, участие, руководство.

Задание 2. *Образуйте от глаголов существительные, обозначающие действия, процесс или результат.*

Основать, уничтожить, образовать, спасать, обсуждать, прибыть, признать, производить, посвящать, сочинять, выражать, воспитать, достигать, ожидать, собраться, улучшать, утверждать, провести, загрязнить, занять, объяснить, взять, колебаться.

К отглагольным существительным относятся также некоторые существительные мужского и женского рода, которые образуются следующими способами:

1) от глаголов движения несовершенного вида — существительные мужского рода без суффиксов, например: *приезжа́ть – прие́зд*;

2) от некоторых глаголов совершенного вида — существительные мужского и женского рода без суффиксов с нулевым окончанием, например: *отве́тить – отве́т, записа́ть – за́пись*;

3) от некоторых глаголов несовершенного и совершенного вида — существительные женского рода без суффиксов, например: *рабо́тать – рабо́та*;

4) от некоторых глаголов несовершенного и совершенного вида — существительные женского рода с суффиксом **-к-**, например: *записа́ть – запи́ска*;

5) от некоторых глаголов несовершенного вида с основой на **-ирова(ть)** — существительные мужского и женского рода, реже множественного числа без суффиксов, например: *анализи́ровать – ана́лиз, формули́ровать – фо́рмула, финанси́ровать – фина́нсы.*

Задание 3. *Образуйте существительные от глаголов каждой группы, соответствующей одной из перечисленных выше моделей.*

1) *Образец:* приезжать – приезд.

Выходить, прилетать, переезжать, уходить, отъезжать, вылетать, обходить.

2) *Образец:* рассказать – рассказ.

Вызвать, помочь, связать, записать, отказаться, советовать.

3) *Образец:* встречать – встреча.

Защитить, платить, заменить, победить, заботиться.

4) *Образец:* попытаться – попытка.

Тренироваться, разработать, отметить, оценить, проверить, загрузить.

5) *Образец:* экспериментировать – эксперимент.

Прогнозировать, моделировать, контролировать, экспортировать, аргументировать, проектировать.

Задание 4. *Выразите содержание словосочетаний по-другому, заменив глаголы отглагольными существительными. Обратите внимание на изменение управления.*

О б р а з е ц : создать новую модель – создание новой модели.

Исследовать явления природы, разработать оригинальную методику, открыть малую планету, заменить старое оборудование, записать телефонный разговор, обсуждать важные проблемы, вывести сложную формулу, анализировать полученные результаты, уничтожать ядерное оружие, защищать окружающую среду, строить мощную электростанцию, улучшить демографическую ситуацию, развивать дружественные отношения, экспортировать нефть и газ, наладить новое оборудование, использовать современные технологии, провести пресс-конференцию, изобрести сложный прибор, захватить чужую территорию.

Задание 5. *Выразите значение словосочетаний одним словом.*

О б р а з е ц : дать название – назвать.

Оказать помощь, дать оценку, принять решение, провести исследование, вести поиск, одержать победу, осуществлять руководство, установить связь, совершить открытие, вести наблюдения, испытывать наслаждение, сделать запись, производить измерения, выразить согласие, осуществлять контроль, проводить проверку.

2. Другую довольно многочисленную группу составляют также одушевлённые и неодушевлённые существительные, обозначающие с у б ъ е к т   д е й с т в и я. Некоторые из них образуются от глаголов, другие – от существительных. Рассмотрим наиболее продуктивные модели.

1) Существительные мужского рода, образованные от глаголов с помощью суффикса -тель:

– обозначают лицо, принадлежащее к какой-либо профессии или производящее какое-либо действие, например: *учить – учи́тель, основа́ть – основа́тель*;

– обозначают научное понятие, являются термином, названием какого-либо вещества, прибора и т. п., например: *мно́жить – мно́житель, растворя́ть – раствори́тель, уско́рить – ускори́тель.*

Задание 6. *Определите состав и значение существительных. Назовите глаголы (словосочетания), от которых они образованы. Составьте с существительными словосочетания и предложения.*

1) Даритель, поджигатель, отправитель, наниматель, создатель, вредитель, потребитель, покоритель, хранитель, мститель, пользователь, первооткрыватель, проситель, собиратель, предъявитель.
2) Освежитель, поглотитель, краситель, увлажнитель, носитель, держатель, усилитель, окислитель, указатель, переключатель, определитель.

Задание 7. *Переведите существительные на родной язык (язык-посредник). Составьте с ними словосочетания и предложения.*

1) Последователь, зритель, представитель, доверитель, предприниматель, телохранитель, оформитель, заместитель, правитель, ценитель, посетитель, обладатель, разрушитель, осветитель, заявитель.
2) Числитель, знаменатель, показатель, двигатель, выключатель, удлинитель, делитель, увлажнитель, громкоговоритель, загрязнитель, очиститель, отражатель, распределитель, усилитель, взрыватель, измеритель.

Задание 8. *Образуйте от глаголов существительные с помощью суффикса **-тель**. Постарайтесь догадаться о значении новых для вас слов или обратитесь к словарю.*

Изобретать, исследовать, наблюдать, руководить, основать, производить, составить, сочинить, изготовить, мыслить, мечтать, водить, исполнить, освободить, завоевать, воспитать, испытать, нарушить, избирать, любить.

2) Существительные мужского и женского рода, образованные от глаголов, существительных и прилагательных с помощью суффиксов **-ик (-овик, -евик), -ник, -чик, -щик, -ниц-**:

– обозначают лицо, принадлежащее к какой-либо профессии или производящее какое-либо действие, например: *лета́ть – лётчик, вода́ – во́дник*;

– обозначают лицо, относящееся к какой-либо возрастной, социальной, профессиональной и т. п. группе, например: *ста́рый – стари́к, шко́ла – шко́льник*;

– обозначают бытовой предмет: *чай – ча́йник; конфе́та – конфе́тница.*

Задание 9. *Определите состав и значение существительных. Назовите глаголы, существительные и прилагательные, от которых они образованы. Составьте с существительными словосочетания и предложения.*

1) Газетчик, докладчик, водопроводчик, разведчик, заказчик.
2) Регулировщик, крановщик, компьютерщик, приёмщик, носильщик, часовщик.
3) Отличник, работник, дипломник, помощник, лесник, спутник.
4) Математик, техник, лирик, фронтовик, комик, аналитик.
5) Кофейник, салатник, молочник, дневник, пододеяльник.
6) Дождевик, грузовик, боевик, ролик, половик, черновик, оптовик.

Задание 10. *Переведите существительные на родной язык (язык-посредник). Составьте с ними словосочетания и предложения.*

Сторонник, противник, основоположник, сотрудник, соперник, поклонник, предшественник, единомышленник, путешественник, выпускник; плательщик, выдумщик, гардеробщик; вкладчик, подписчик, попутчик; родственник, садовник, охотник, ровесник, передовик; автоответчик, трагик, заёмщик.

Задание 11. *Образуйте от данных слов существительные, обозначающие лицо или предмет, и определите их значение.*

1) **-чик**: перевод, автомат, ответ, стакан, магазин, палец; разносить.
2) **-щик**: угон, камень, натура; спорить.
3) **-ник**: вечер, двор, мясо; шутить, работать.
4) **-ик**: химия, история, академия; лист, кот, нос, календарь.
5) **-ница**: сахар, конфета, хлеб, пепел, карандаш.

3) Одушевлённые и неодушевлённые существительные мужского рода с суффиксами **-тор**, **-ор**, **-ер**, **-ёр**, **-ант**, **-ент**, **-ист**, как правило, образуются от иностранных корней. Они часто имеют книжную стилистическую окраску и близки по значению к существительным с суффиксом **-тель**.

Задание 12. *Переведите существительные на родной язык (язык-посредник). Найдите сходство и различие в составе и значении русских слов и соответствующих им слов в вашем языке.*

1) Кондуктор, проректор, диктор, инспектор, рефлектор, прожектор, реактор.
2) Ревизор, инвестор, продюсер, шофёр, контролёр, репортёр, дирижёр, монтажёр, режиссёр.
3) Аспирант, конкурсант, консультант, дилетант, гарант, претендент, конкурент, президент, реципиент.
4) Программист, пейзажист, оптимист, пессимист, дантист, экономист, юморист.

Задание 13. *Продолжите ряды слов с указанными суффиксами. Подберите к словам определения, используя прилагательные или существительные (в форме родительного падежа).*

1) **-тель**: основатель...

2) **-ик**: физик...

3) **-ник**: художник...

4) **-чик**: переводчик...

5) **-щик**: часовщик...

6) **-тор**: директор...

7) **-ент (-ант)**: президент...

8) **-ист**: журналист...

4) Одушевлённые и неодушевлённые существительные мужского, женского и среднего рода, которые образованы от существительных с помощью суффиксов субъективной оценки, придающих им различные оттенки значения:

а) уменьшительно-ласкательный оттенок (суффиксы **-ик, -ок, -ек, -ёк; -к-, -оньк-, -еньк-, -очк-, -ечк-; -ушк-, -юшк-** и др.): *до́мик, сыно́к, вну́чек, ручеёк; доро́жка, берёзонька, ру́ченька, ма́мочка, ло́жечка; хле́бушко, по́люшко;*

б) пренебрежительно-презрительное значение (суффиксы **-ишк-, -онк-, -ёнк-** и др.): *городи́шко, собачо́нка, комнатёнка;*

в) значение увеличительности (суффикс **-ищ-**): *доми́ще, ножи́ща.*

Задание 14. *Прочитайте существительные и определите, от каких существительных они образованы. Выделите суффиксы субъективной оценки и уточните, какие оттенки значений придают словам эти суффиксы. Составьте с существительными словосочетания.*

Носик, ночка, умишко, работёнка, лесок, книжечка (г/ж), ручища (к/ч), пирожок (г/ж), глазик, дяденька, домище, комнатушка, головёнка, окошко, бережок (г/ж), пальтишко, дороженька (г/ж), дочка, хлебушко, бумажка (г/ж), сестрёнка, мальчишка, церквушка, голосище, лампочка, тётушка, заводишко, чаёк, человечек, солнышко, скучища (к/ч), браток, письмишко, словарик, холодище, народишко, сигаретка, дождик, подруженька, человечишко, денёк, пылища, лошадёнка, местечко, грязища, сынишка, птичка (ц/ч), уголок, ложечка, дружище (г/ж), золотишко, паренёк, ноженька (г/ж), докторишка, календарик.

3. Большое количество существительных м у ж с к о г о   р о д а в русском языке обозначают лиц по п р о ф е с с и и,   д о л ж н о с т и,   з в а н и ю и т. п. как мужского, так и женского пола, например: *дире́ктор, экономи́ст, доце́нт* и т. п. Однако наряду с такими существительными в некоторых случаях имеются специальные существительные ж е н с к о г о   р о д а, образующиеся с помощью суффиксов -иц- (*певи́ца*), -ниц- (*писа́тельница*), -чиц- (*перево́дчица*), -щиц- (*танцо́вщица*), -к- (*журнали́стка*).

Вместе с тем русский язык богат словообразовательными моделями существительных ж е н с к о г о   р о д а, обозначающих профессию, род занятий, принадлежность к какой-либо социальной группе и т. п., которые н е   м о г у т   у п о т р е б л я т ь с я   к а к   н е й т р а л ь н ы е   е д и н и ц ы, соответствующие однокоренным существительным мужского рода, поскольку они имеют различные смысловые, оценочные и эмоционально-экспрессивные оттенки. К таким существительным относятся в частности некоторые существительные с суффиксами -ш- (*касси́рша, билетёрша*), -ис-/-есс- (*директри́са, поэте́сса*), -их- (*врачи́ха*) и др.

Задание 15. *К существительным, образованным от глаголов из задания 8, подберите соответствующие существительные женского рода (там, где это возможно). В случае затруднения обратитесь к словарю.*

Задание 16. *Переведите существительные на родной язык (язык-посредник). Обратите внимание на смысловые и стилистические оттенки этих слов. Составьте с ними словосочетания и предложения.*

Бригадирша, генеральша, лифтёрша, продавщица, докторица, машинистка, повариха, кондукторша, училка, пловчиха, ассистентка, массажистка, приёмщица, экономка, министерша, физичка.

4. Большое значение для изучающих русский язык имеет умение образовывать и правильно употреблять в речи а б с т р а к т н ы е   существительные, образованные от прилагательных или существительных и обозначающие различные   п р и з н а к и,   с в о й с т в а   одушевлённых и неодушевлённых объектов, дающие им количественную или качественную характеристику.

Эти существительные образуются с помощью суффиксов **-(н)ость/-есть** (*гото́вность, уста́лость, све́жесть*); **-от-** (*быстрота́, чистота́*); **-ин-** (*глубина́, ширина́*); **-изн-** (*кривизна́, белизна́*); **-ств-** (*упря́мство, геро́йство*); **-изм** (*авантюри́зм, оптими́зм*).

Задание 17. *Образуйте существительные от прилагательных.*

1) *Образец:* сложный – сложность.

Нежный, верный, мудрый, гордый, реальный, храбрый, страстный, зависимый, ясный, правдивый, скромный, гениальный, увлечённый, решительный, особенный, справедливый, хрупкий, пластичный, электропроводный, лёгкий, упругий, мягкий, жёсткий, влажный, тяжёлый, прозрачный, распространённый.

2) *Образец:* добрый – доброта.

Красивый, простой, чистый, красный, бедный, глухой, полный, слепой, тёмный, чёрный, высокий, тёплый, частый, долгий, широкий, быстрый, пустой.

3) *Образец:* широкий – ширина.

Глубокий, толстый (ст/щ), тихий (х/ш), великий (к/ч), седой.

4) *Образец:* белый – белизна.

Жёлтый, новый, дешёвый, кривой, крутой.

5) *Образец:* упрямый – упрямство.

Упорный, богатый, удобный, ничтожный, изящный, проворный.

6) *Образец:* авантюрист – авантюризм.

Гуманист, пессимист, эгоист, идеалист, романтик, карьерист, реалист.

Задание 18. *Используя абстрактные существительные, относящиеся к перечисленным выше группам (задание 17), дайте полные ответы на вопросы.*

1) Какие черты характера вы цените в мужчинах? В женщинах? В друзьях?
2) Что вызывает в вас осуждение? С какими недостатками характера, по вашему мнению, необходимо бороться?

3) Что вы можете сказать о своём характере: какие ваши черты ценят в вас друзья? Что им не очень нравится? Какие качества в себе вы хотели бы развить?

4) Какие черты характера помогают человеку достичь своей цели в жизни? Что может помешать достижению цели?

5) Какими качествами должен обладать настоящий учёный?

6) Какими типичными чертами характера, по вашему мнению, обладают русские? Что вызывает ваше уважение и что вам не очень симпатично?

7) Какие типичные национальные черты есть в характере ваших соотечественников?

2. Словообразовательные модели прилагательных

Прилагательные в русском языке, как правило, образуются от существительных с помощью различных суффиксов. Наиболее продуктивными являются модели образования прилагательных с помощью суффиксов -н-, -онн-, -енн-, -(а)тельн-, -альн-, -ов-, -ев-, -ск-, -еск-, -ическ-, -ичн-, -лив-, -чив-, -ивн- и др. Такие прилагательные имеют нейтральную стилистическую и эмоциональную окрашенность.

ОБРАТИТЕ ВНИМАНИЕ!

При образовании прилагательных иногда происходит чередование согласных в конце основы — г/ж, к/ч, ст/щ, х/ш, ц/т, т/ч, д/ж и т. п. (так же, как и при образовании степеней сравнения прилагательных — см. *Тему 3*). Кроме того, основа производного прилагательного может отличаться от основы соответствующего существительного наличием беглой гласной *о* или *е*.

Задание 19. *Определите, от каких существительных образованы данные прилагательные.*

Премиальный, общественный, научный, мировой, успешный, престижный, образовательный, военный, литературный, разговорчивый, призовой, финансовый, талантливый, организационный, исторический, вражеский, братский, основательный, регрессивный, кафедральный, государственный, документальный, дружеский, комплексный, воздушный, дождевой, морской, стереоскопический, буквенный, приветливый.

Задание 20. *Образуйте прилагательные по образцам, учитывая возможное чередование согласных в конце основы.*

1) **Образец:** луна – лунный.

Зима, картина, окно (о), лето, грусть, страсть, весна (е), гора, холод, осень, интерес, ум, печаль, тайна, секрет, любовь, рука (к/ч), фабрика (к/ч), праздник (к/ч), молоко (к/ч), яблоко (к/ч), дорога (г/ж), бумага (г/ж), книга (г/ж), тревога (г/ж), влага (г/ж), успех (х/ш), страх (х/ш).

2) **Образец:** апрель – апрельский.

Июнь, сентябрь, завод, город, друг (г/ж), море, деревня, институт, философ, дети.

3) **Образец:** история – исторический.

Экология, геология, филология, биология, герой, методика, графика, логика, статистика, мифология, магия.

4) **Образец:** статика – статичный.

Логика, архаика, герметика, динамика, органика.

5) **Образец:** мир – мировой; свинец – свинцовый.

Труд, дело, берег, звук, голос, язык, класс, масса, танк, роза, цинк.

6) **Образец:** театр – театральный.

Фигура, форма, пирамида, документ, эксперимент, диаметр, спектр, момент, зона, регион.

7) **Образец:** талант – талантливый.

Привет, забота, дождь, счастье, удача, тоска, зависть, трус, терпение, крик.

8) **Образец:** мысль – мысленный.

Жизнь, огонь (– о), масло, отечество, искусство, мужество, пространство, правительство, государство, невежество.

9) *Образец:* спорт – спортивный.

Акт, эффект, прогресс, агрессия, реакция (ц/т), продукт, субъект, объект, масса, экспрессия.

> В русском языке прилагательные могут образовываться от прилагательных с помощью суффиксов субъективной оценки, придающих им значение неполного качества (-оват-, -еват-), усиленной степени качества (-ущ-, -ющ-, -енн-), а также ласкательное значение (-оньк-, -еньк-).

Задание 21. *Прочитайте прилагательные и определите, от каких прилагательных они образованы. Выделите суффиксы субъективной оценки и уточните, какие оттенки значений придают словам эти суффиксы. Составьте с прилагательными словосочетания.*

Тёпленький, толстенный, длиннющий, простоватый, молоденький, злющий, синеватый, глупенький, большущий, грубоватый, худущий/худющий, здоровенный, лёгонький, высоченный (к/ч), свеженький, зеленоватый, грязнущий/грязнющий, миленький, сладковатый, тяжеленный, умненький, узенький, широченный (к/ч).

3. Словообразовательные модели глаголов

> Одной из отличительных особенностей русской словообразовательной системы является то, что с помощью префиксов от одной основы можно образовать несколько глаголов с разными смысловыми оттенками и разной сочетаемостью. Такие группы глаголов не всегда соответствуют в других языках аналогичным группам однокоренных глаголов. Нередко они переводятся с помощью глаголов, имеющих разные основы.

☞ Задание 22

а) *Прочитайте группы однокоренных глаголов с разными префиксами. Выделите в глаголах каждой группы общую часть, объясните разницу в значении этих глаголов.*

1) Написать, подписать, переписать, записать, описать, выписать, дописать, списать, расписать, прописать, надписать.
2) Выбирать, отбирать, избирать, набирать, собирать, разбирать, убирать, подбирать.
3) Пожить, выжить, прожить, зажить, пережить, ожить, дожить.
4) Отдавать, сдавать, передавать, продавать, задавать, выдавать, пересдавать, раздавать, создавать.
5) Посмотреть, осмотреть, рассмотреть, просмотреть, пересмотреть, подсмотреть, засмотреться.
6) Поставить, доставить, составить, переставить, предоставить, представить, заставить, вставить, выставить.

б) *Переведите глаголы на родной язык (язык-посредник). Составьте с ними словосочетания и предложения.*

☞ Задание 23. *Продолжите ряды однокоренных приставочных глаголов. Составьте с глаголами словосочетания или предложения.*

1) **Помнить** – вспомнить, запомнить…
2) **Вести** – провести, вывести…
3) **Знать** – узнать, признать…
4) **Звать** – назвать, позвать…
5) **Брать** – собрать(ся), убрать(ся)…
6) **Учить** – выучить, изучить…
7) **Работать** – заработать, разработать…
8) **Крыть** – открыть, закрыть…

☞ Задание 24. *Объясните различие в значении глаголов данных групп. В случае затруднения обратитесь к словарю. Составьте с глаголами словосочетания или предложения.*

1) Выслушать, недослушать, подслушать, прислушаться, заслушаться.
2) Накричать, закричать, перекричать, прокричать.
3) Выстроить, устроить, подстроить, застроить, надстроить, пристроить, перестроить, отстроить.

116

4) Исправить, выправить, подправить, направить, заправить, переправить, отправить.

5) Принять, отнять, поднять, унять, занять, нанять, перенять, обнять, разнять.

6) Заметить, отметить, наметить, подметить, разметить, пометить.

4. Повторение. Обобщение

Задание 25. *Распределите слова в таблице. Обратите внимание на приставки и суффиксы.*

Существительные (кто? что?)	Прилагательные (какой?)	Глаголы (что (с)делать?)

Изобретение, создавать, подготовка, создать, наблюдение, описание, создание, готовый, производить, произвести, изобретатель, наблюдательный, изобрести, исследователь, изобретательный, производство, создатель, исследовать, наблюдатель, изготовить, предпринимать, готовить, производный, создательница, изобретать, наблюдать, произведение, предприниматель, производительный, изготовлять, предпринимательский, изготовление, производитель, исследовательский, подготовить, исследование, производственный, изготавливать, предпринять, подготовительный.

Задание 26. *Вспомните значение данных слов. Выберите среди них однокоренные слова и объедините их в группы.*

1) Премия, престиж, комиссия, государство, комитет, премиальный, открыть, наука, учёный, открытие, звание, присуждать, награда, писательница, общество, мир, политика, общественный, присуждение, экономист, политик, экономика, деятель, заслуга, деятельность, заслужить, экономический, писать, заслуженный, научный, успех, народ, организовать, государственный, мировой, международный, организация, престижный, успешный, организатор, назвать, наградить, названный.

2) Творчество, талант, вдохновлять, изображение, рисунок, картина, рисовать, вдохновение, художественный, творческий, художник, изобразительный, сочинять, музыка, талантливый, гений, творить, музыкант, изображать, гениальный, исполнение, картинный, музыкальный, творчески, исполнитель, сочинение, образ.

3) Остроумие, наследовать, трудиться, наслаждаться, наследство, труд, общение, возглавить, наследственность, трудолюбивый, общаться, требование, оценка, наслаждение, цена, трудолюбие, требовательный, общительный, ценить, глава, ценный, требовательность, соображать, ум, ценность, наследование, сообразительный, умный, главный, остроумный, сообразительность, требовать.

Задание 27. *Найдите в словах каждой группы общий корень. Поставьте вопрос к каждому слову. Составьте со словами словосочетания или предложения.*

1) Петь, песня, певец, пение, певица, песенный.
2) Фантазия, фантаст, фантастика, фантастический, фантом, фантазировать.
3) Один, однажды, одинокий, одинаковый, одиночество.
4) Заметка, заметный, замечать, замечание, замечательный, замечательно.
5) Исследовать, след, следить, последователь, следовать, последовательный, исследователь, следовательно, следующий, следствие, впоследствии.
6) Вода, водный, водолаз, водяной, наводнение, приводниться, водопровод, подводный.

Задание 28. *Продолжите ряды однокоренных слов. Составьте с ними словосочетания или предложения.*

1) Спорить, спор…
2) Вред, вредный…
3) Загрязнять, грязный…
4) Чистый, очистить…
5) Круг, окружающий…
6) Расти, рост…

Задание 29. *Найдите в группах лишние слова.*

1) Радоваться, радость, рад, радостный, парад, обрадовать.
2) Доброта, красота, сирота, долгота, широта.
3) Дарить, подарок, дар, благодарный, радар, даритель, ударный.
4) Аспирант, конкурсант, консультант, докторант, дезодорант, лаборант.
5) Ночка, ручка, точка, дочка, ножка, ложка, речка.
6) Вырос, подрос, выброс, зарос, дорос, вопрос, оброс.
7) Победить, победа, победитель, беда, победный, бедный, убедить, побеждённый, убедительный.

Тема 7

ЛЕКСИЧЕСКИЕ НОРМЫ

Лексические нормы – это правила словоупотребления. Соблюдение лексических норм является важнейшим условием правильной, точной и выразительной речи. Рассмотрим основные аспекты этого сложного понятия.

1. Точность словоупотребления

Если человек не может точно выразить свою мысль, слушающий или читающий может понять его слова неправильно, искажённо. В этой ситуации нередко возникает двусмысленность.

Чтобы добиться точности речи, необходимо прежде всего знание значений слов в современном русском языке и условий их употребления.

1. Иностранцы, изучающие русский язык, должны обращать особое внимание на б л и з к и е п о з в у ч а н и ю русские слова, имеющие р а з н о е з н а ч е н и е , а также на б л и з к и е п о з н а ч е н и ю (но разные по з в у ч а н и ю) однокоренные и не однокоренные слова, лишь частично совпадающие по значению с соответствующими лексемами их родного языка (языка-посредника).

☞ **Задание 1.** *Выберите слово, которое точно соответствует контексту, и используйте его в правильной форме.*

а) учить – учиться – изучать – заниматься

Мария – студентка филологического факультета. Сейчас она ... на третьем курсе. Она мечтает стать переводчицей. Мария ... одновременно английский, французский и арабский языки. Конечно, чтобы свободно говорить и писать на нескольких иностранных языках, надо очень много ... : каждый день необходимо много читать, слушать магнитофон, ... новые слова и грамматику. Мария говорит, что ей очень интересно ... . У неё прекрасные преподаватели, которые ... студентов говорить на иностранном языке, как на своём родном. Больше всего ей нравится … синхронным переводом. Для этого студенты часто смотрят иностранные фильмы и … быстро понимать и переводить речь персонажей.

б) оставлять/оставить – оставаться/остаться – останавливать(ся)/останавливать(ся)

Впервые я был в Москве всего один день. Здесь живёт мой хороший друг, который предложил мне … у него. Я заехал к нему утром, … свои вещи и сразу поехал смотреть город. Я бродил по улицам до глубокой ночи и не мог налюбоваться. Было уже поздно. Я помнил, что дом друга очень высокий и находится недалеко от реки. Я подошёл к автобусной остановке и стал ждать. Автобуса не было, и мне пришлось … такси. Тут я вспомнил, что … адрес друга вместе с вещами дома. После моих долгих объяснений таксист понял, что мне нужен высотный дом у Яузы. Как мне повезло! Мы приехали, когда было уже светло. Друг поблагодарил таксиста, и он … с нами завтракать.

«Какие симпатичные люди в Москве», – подумал я. – «Они не … человека без помощи в трудной ситуации!» От этой первой поездки в столицу у меня … прекрасные воспоминания.

в) осуждать – обсуждать

Чтобы решить какую-нибудь проблему, мы всегда … её в кругу семьи.
Если человек совершил ошибку, не спеши … его, а постарайся помочь.

г) принимать(ся) – применять(ся)

Решение о присуждении Нобелевской премии … специальная комиссия.
При сборке автомобилей на заводе в Тольятти … самые современные технологии.
В борьбе с эпидемией птичьего гриппа … все известные в современной медицине лекарственные средства.
Необходимо … самые решительные меры для очистки реки от промышленных отходов.

д) помнить – вспомнить – запомнить – напомнить

Я никак не могу … фамилию учёного, который изобрёл этот прибор.
…, пожалуйста, что переходить дорогу можно только на зелёный свет.
Если бы ты не … мне, что собрание переносится на завтра, я приехал бы сегодня.
Свой первый день в Москве он … на всю жизнь.
Мы очень хорошо … всё, что сделали для нас родители.
Хочу … вам о вашем обещании.

е) составлять – состоять

Лёгкие двигатели нового образца ... значительную часть продукции завода.

Мне не ... большого труда помочь вам в решении этой проблемы.

Главная трудность ... в том, что пока неизвестна причина аварии.

Человеческий организм ... на 80 % из воды.

Этот минерал ... 40 % массы горной породы.

2. Одной из особенностей русской лексической системы является наличие большого количества м н о г о з н а ч н ы х   с л о в, при сопоставлении которых с соответствующими им словами другого языка обнаруживаются не только общие значения, но и существенные различия. В таких ситуациях уточнить значение слова позволяет только его контекст.

Задание 2

а) *Выпишите из словарей все значения слова* **поле** *и все значения его коррелята в родном языке (языке-посреднике). Найдите общие значения и семантические различия.*

б) *Переведите словосочетания на родной язык (язык-посредник).*

Собирать цветы в поле, рисовое поле, футбольное поле, электромагнитное поле, шляпа с широкими полями, оставить свободным левое поле страницы, взлётно-посадочное поле.

в) *Приведите другие примеры употребления многозначных русских слов в контексте и дайте соответствующий перевод на родной язык (язык-посредник).*

С другой стороны, необходимо обращать внимание на то, что в некоторых случаях р а з н ы е   р у с с к и е   л е к с е м ы переводятся иностранцами на родной язык (язык-посредник) о д н и м   и   т е м   ж е   с л о в о м, что приводит к нарушению норм словоупотребления в русском языке. Например, на многие языки одним и тем же словом переводятся русские глаголы **учи́ться, учи́ть, изуча́ть, занима́ться**.

Задание 3. *Прочитайте пары слов. Вспомните различие в значении и употреблении слов каждой пары. Составьте словосочетания или предложения с этими словами.*

1) Знать – уметь; встречаться – находиться; успеть – удаться; звать – называться; согласиться – договориться.
2) Учёный – научный; народный – популярный; американец – американский.
3) Мера – размер; лекция – конференция; пакет – свёрток – узел; класс – урок; дверь – ворота; сказка – рассказ – история – сплетня.

3. Как известно, в русском языке довольно много так называемых с л о в - и н т е р н а ц и о н а л и з м о в, которые функционируют наряду с исконно русскими словами, близкими, но не тождественными им по значению. Для достижения точности словоупотребления необходимо знать оттенки значений тех и других, их стилистическую окраску, а также типичный для каждого слова контекст.

Задание 4. *Соедините синонимичные слова и выражения.*

аккомодация	преграда
акция	последовательность действий
алгоритм	приспособление
брифинг	ценная бумага
вернисаж	краткая беседа
гносеология	теория познания
генезис	довод
имитация	торжественное открытие выставки
резон	происхождение
препона	подражание

Задание 5. *Укажите разницу между близкими по значению иноязычными и русскими словами. Составьте с ними предложения.*

Больница – клиника – госпиталь; спор – дискуссия; начальник – шеф; случай – инцидент; обстановка – ситуация; возражать – оппонировать; собрание – митинг; перерыв – антракт; обычный – регулярный; число – номер; частный – приватный; противоречие – антагонизм; терпимый – толерантный; маленький – миниатюрный; задача – проблема; знак – символ; законный – легальный; исключительный – эксклюзивный; точный – пунктуальный; открытие – инаугурация.

Чтобы избежать грубых ошибок при употреблении слов-интернационализмов, следует помнить, что некоторые русские слова с интернациональной основой, имеющие в других языках сходные по структуре и звучанию лексемы, существенно отличаются от последних по значению. Это так называемые «ложные друзья переводчика».

Задание 6. *Прочитайте русские слова с интернациональной основой. Вспомните сходные с ними по структуре и звучанию слова вашего родного языка (языка-посредника). Распределите их по двум колонкам: слева напишите слова, совпадающие по смыслу с соответствующими словами родного языка (языка-посредника), справа – слова, имеющие существенные различия.*

Протест, реализовать, интервью, проектировать, контракт, организация, симпатичный, кондуктор, анализ, комплекция, интеллигенция, атаковать, период, журнал, авторитет, марш, копировать, магазин, конкретный, критика, партизан, энергия, корреспондент, провоцировать, лист, цитировать, кондиция, курс, амбиция, гвардия, агрессия, дирекция, карта, демонстрация, интерес, сессия.

Задание 7. *Найдите ошибки в употреблении иноязычной лексики. Попытайтесь объяснить причину ошибок. Предложите правильный вариант.*

1) На юге Сибири началась конструкция новой мощной электростанции.
2) У лекторов Центральной библиотеки появилась возможность пользоваться интернетом.
3) Новое правительство выступило за прокламацию независимости политического курса.
4) Сын наших друзей необычайно интеллигентный ребёнок: в пять лет он уже решает алгебраические задачи.
5) Ректор подарил гостям бандероль университета.
6) Фабричные артикли, поступившие в продажу, были подвергнуты серьёзной экспертизе.
7) Встреча делегации с руководством университета была принципиальным моментом в программе визита.
8) После реконструкции завода была значительно расширена продукция автомобильных двигателей.

4. Богатство лексической системы русского языка проявляется также в наличии большого количества **паронимов**, то есть слов (чаще всего однокоренных), сходных по звучанию, но имеющих разное значение и по-разному употребляющихся. Все паронимы можно условно разделить на две группы:

а) паронимы, имеющие и н т е р н а ц и о н а л ь н ы й к о р е н ь и часто переводимые на родной язык (язык-посредник) одним словом, например: *артисти́чный – артисти́ческий, райо́н – регио́н;*

б) паронимы, имеющие р у с с к и й к о р е н ь и не всегда переводимые на родной язык (язык-посредник) одним словом, например: *бу́дний – бу́дничный, челове́ческий – челове́чный – челове́чий.*

Задание 8. *Определите разницу в значении паронимов (в случае затруднения обратитесь к словарю). Составьте с ними словосочетания.*

1) Дипломатический – дипломатичный; динамический – динамичный; логический – логичный; эффектный – эффективный; экономика – экономия; компания – кампания; адресат – адресант; информативный – информационный; органический – органичный; парламентёр – парламентарий; туристический – туристский.

2) Мировой – мирный; далёкий – дальний; единый – единственный; каменный – каменистый; освоить – усвоить; надеть – одеть; заплатить – оплатить; помириться – смириться; невежа – невежда; наследство – наследие; бедность – беднота.

Задание 9. *Выберите пароним, который необходим в данном контексте.*

1) Перед нами (встал – стал) сложный вопрос.
2) Эксперт (провёл – произвёл) проверку документов на фирме.
3) Его взгляды можно назвать (идеалистичными – идеалистическими), так как он полностью оторван от действительности.
4) Сложившаяся экологическая ситуация требует строжайшей (экономики – экономии) природных ресурсов.
5) Письмо дошло до (адресата – адресанта) вовремя.
6) Этот руководитель всегда проявляет (внимательность – внимание) к людям.
7) (Типическими – типичными) признаками металлов являются пластичность и высокая тепло- и электропроводность.
8) Она поблагодарила за подарок и (надела – одела) браслет на руку.

124

9) В мае по Москве-реке начинает ходить (водяной – водный) транспорт.
10) Многие рассказы этого писателя являются (автобиографическими – автобиографичными), так как основаны на эпизодах из жизни автора.

2. Лексическая сочетаемость

Соблюдение лексических норм невозможно без знания лексической сочетаемости, то есть с п о с о б н о с т и с л о в с о е д и н я т ь с я друг с другом. При этом в разных языках в силу специфики национального языкового сознания слова нередко соединяются по-разному. Например, с существительным **вопрос** в русском языке сочетаются глаголы **задава́ть**, **ста́вить**. Ср. в английском — *спра́шивать вопро́с*, в испанском — *де́лать вопро́с* и т. п. Поэтому часто бывает невозможен буквальный перевод словосочетаний родного языка (языка-посредника) на русский язык.

Задание 10. *Продолжите ряды слов, сочетающихся:*

а) с глаголами:

- открыть: закон…
- принять: решение…
- присудить: звание…
- возглавить: институт…
- разработать: проект…
- основать: фонд…
- приобрести: опыт…
- исследовать: космос…
- использовать: факты…
- защищать: природу…
- проводить: эксперимент…
- оказывать: влияние…
- осуществлять: планы…
- беречь: землю…

б) с существительными:

- работу: провести…
- метод: использовать…
- премию: получить…

- связь: найти…
- прибор: изобрести…
- модель: создать…
- жизнь: описать…
- значение: иметь…
- пьесу: сочинить…
- труд: опубликовать…

в) с прилагательными, причастиями:

- красивый: цветок…
- современная: техника…
- подводный: мир…
- важная: встреча…
- мощный: взрыв…
- тепловая: электростанция…
- интересная: книга…
- летящий: самолёт…
- смелый: эксперимент…
- тяжёлая: промышленность…

г) с наречиями:

- быстро: читать…
- эффективно: работать…
- хорошо: выглядеть…
- много: думать…
- интересно: жить…
- далеко: видеть…

Задание 11. Составьте правильные словосочетания из глаголов и существительных. Переведите словосочетания на родной язык
(язык-посредник).

1) иметь, играть	роль, значение
2) улучшить, повысить	качество, уровень
3) выразить, сформулировать	чувства, мысль
4) исправить, устранить	недостатки, ошибки
5) уделить, придать	внимание, значение
6) обнаружить, открыть	закон, закономерность
7) ввести, разработать	теорию, понятие
8) обосновать, доказать	мнение, правоту

3. Выразительность и уместность словоупотребления

Речь говорящего производит сильное впечатление и запоминается надолго, если она выразительна. Чтобы добиться максимальной выразительности речи, необходимо постоянно увеличивать свой словарный запас и умело пользоваться всеми богатствами лексики русского языка. А это богатство действительно неисчерпаемо: в русском языке огромное количество **синонимов**, передающих разнообразные смысловые, эмоциональные и стилистические оттенки. Речь, построенная на контрастах, то есть при помощи **антонимов**, также будет восприниматься как яркая и экспрессивная. Наконец, очень эффективна с точки зрения восприятия речь, в которой используются образные **фразеологизмы** (устойчивые словосочетания, пословицы и поговорки), отражающие колорит национального языкового сознания. При этом необходимо не просто знать перечисленные выше языковые средства, но и уместно их использовать, то есть учитывать особенности конкретной коммуникативной ситуации: степень её официальности, степень знакомства коммуникантов, психологические, возрастные, национальные особенности партнёров, место и время общения и многое другое. При соблюдении всех этих условий речь будет не только правильной, но и красивой.

Задание 12. *Прочитайте текст. Замените выделенные слова синонимами.*

М. Глинка задумал **создать** оперу на сюжет из русской истории. В своей опере он **отразил** героические события, которые происходили в России в далёкие времена. В опере Глинка **изображает** главного героя как человека **бесстрашного**, любящего свою родину. Талант М. Глинки **поражал** его современников. В своей музыке композитор стремился **выразить** красоту души русского народа.

Задание 13. *Напишите прилагательные в порядке, отражающем усиление качества.*

1) Талантливый, умный, одарённый, гениальный, способный, сообразительный.
2) Красивый, симпатичный, прелестный, очаровательный, прекрасный, восхитительный.

Задание 14. *Найдите среди существительных синонимы и напишите их парами.*

Мысль, работа, сторонник, дискуссия, одарённость, наслаждение, оппонент, единомышленник, идея, талант, труд, спор, удовольствие, противник.

Задание 15. *Подберите синонимы к словам и объясните их семантические различия. Составьте с ними словосочетания и предложения.*

1) Любовь, молодость, влияние, смелость, задание, дорога, эксперимент, промышленность, беседа, свидание.
2) Трудный, весёлый, ясный, точный, обычный, маленький, увлекательный, грустный, свободный, тихий.
3) Удивляться, интересоваться, беспокоиться, простить, восхищаться, радоваться, осуществлять, соревноваться, договариваться, возникать, увеличиваться.
4) Необходимо, вероятно, удивительно, полезно, верно, удачно, тоскливо, удобно, настойчиво, эмоционально.

Задание 16. *Выберите прилагательные, имеющие антонимы с тем же корнем, но без отрицательной частицы **не**.*

О б р а з е ц : некрасивый – красивый.

Неумный, необыкновенный, несчастный, неповторимый, непобедимый, неожиданный, независимый, незнакомый, необходимый, недоступный, неопытный, ненавистный, невидимый, неуклюжий.

Задание 17. *Подберите антонимы к словам.*

1) Ум, сила, активность, простота, трудолюбие, единомышленник, жара, грязь, свобода, грубость.
2) Лёгкий, далёкий, естественный, прямой, банальный, случайный, широкий, вредный, изменчивый, тонкий.
3) Хвалить, скучать, выигрывать, соглашаться, расставаться, здороваться, мириться, радоваться, надевать, нагревать.
4) Внутри, сверху, низко, длинно, совместно, просторно, положительно, ложно, постепенно, шумно.

128

Задание 18. *Прочитайте примеры использования фразеологизмов со словом* **душа**. *Выразите их смысл другими словами.*

1) На улице **не было ни души**.
2) Всю жизнь они прожили **душа в душу**.
3) Искусство – это **душа народа**.
4) У меня **душа болит** за одиноких стариков.
5) Он понял, что у неё **нет души**.
6) **В глубине души** он надеялся, что это были только слова.
7) У него не было близкого человека, которому он мог бы **открыть свою душу**.
8) Прости меня, **сними камень с моей души**.
9) Это прекрасный человек, **чистая душа**.
10) Мой друг, отчизне посвятим **души прекрасные порывы**!

Задание 19. *Прочитайте русские фразеологизмы, построенные на «двойном отрицании». Постарайтесь понять их смысл. Придумайте ситуацию и контекст, в которых было бы уместно их употребление.*

Ни да ни нет; ни бе ни ме; ни конца ни края; ни себе ни людям; ни жив ни мёртв; ни то ни другое; ни два ни полтора; ни рыба ни мясо; ни нашим ни вашим; ни ответа ни привета; ни с того ни с сего; ни пуха ни пера.

Задание 20. *Прочитайте фразеологизмы, построенные на основе сравнения (с помощью союза* **как***). Придумайте ситуации и контекст, в которых было бы уместно их употребление. Вспомните, есть ли аналогичные выражения в вашем родном языке (языке-посреднике).*

Голодный как волк; злой как собака; бледный как смерть; острый как бритва; упрямый как осёл; красный как рак; мрачный как туча; твёрдый как камень; глуп как пробка; здоров как бык; красив как бог; похожи как две капли воды; нужен как воздух; нужен как собаке пятая нога; видно как днём; точно как в аптеке; блестит как зеркало; боится как огня; дрожит как осиновый лист; знает как свои пять пальцев; сидит как на иголках; молчит как рыба; не видать как своих ушей; спит как убитый; свалился как снег на голову; пойдёшь как миленький; чувствуйте себя как дома; быть как без рук; быть как за каменной стеной; жить как кошка с собакой; жить как на вулкане; чувствовать себя как рыба в воде; идти как по маслу.

Задание 21. *Прочитайте русские пословицы о дружбе. Выразите их смысл другими словами. Скажите, всегда ли они верны в жизни. Вспомните, есть ли аналогичные пословицы в вашем родном языке (языке-посреднике).*

- Не имей сто рублей, а имей сто друзей.
- Друг познаётся в беде.
- Скажи мне, кто твой друг, и я скажу, кто ты.
- Один за всех, и все за одного.
- Старый друг лучше новых двух.

Задание 22. *Прочитайте русские пословицы и афоризмы об учёбе и труде. Выразите их смысл другими словами. Подумайте, какие из них можно использовать в качестве совета человеку, серьёзно думающему о карьере учёного. Вспомните, есть ли аналогичные пословицы в вашем родном языке.*

- Век живи – век учись.
- Не учись до старости, учись до смерти.
- Повторенье – мать ученья.
- Учиться всегда пригодится.
- Ученье свет, а неученье тьма.
- Глаза боятся, а руки делают.
- Делу время – потехе час.
- Дело мастера боится.
- Скучен день до вечера, коли делать нечего.
- Труд человека кормит, а лень портит.
- Терпение и труд всё перетрут.
- Без труда не вытащишь и рыбку из пруда.
- Меньше слов – больше дела.
- Легче сказать, чем сделать.
- Не ошибается тот, кто ничего не делает.
- Не откладывай на завтра то, что можно сделать сегодня.
- Кто рано ложится и рано встаёт, здоровье, богатство и ум наживёт.
- Знание – сила.
- Хорошее начало – половина дела.
- Работа учёного – это один процент вдохновения и девяносто девять процентов труда.
- Человек – это то, что он сделал из себя сам.

Задание 23. *Прочитайте русские пословицы. Найдите среди них те, которые эквивалентны пословицам в вашем родном языке (языке-посреднике), и запишите их в левой колонке. Справа напишите пословицы, не имеющие эквивалентов. Постарайтесь понять их смысл. Придумайте ситуации, в которых было бы уместно их употребление.*

- Лучше поздно, чем никогда.
- Лучше один раз увидеть, чем сто раз услышать.
- Сытый голодного не разумеет.
- Скупой платит дважды.
- Яблоко от яблони недалеко падает.
- Доброе слово и кошке приятно.
- Надежда умирает последней.
- Москва слезам не верит.
- Семь раз отмерь, один раз отрежь.
- Не всё то золото, что блестит.
- Тише едешь – дальше будешь.
- Жизнь прожить – не поле перейти.
- Бумага всё стерпит.
- Волков бояться – в лес не ходить.

Тема 8

СИНТАКСИЧЕСКИЕ НОРМЫ

Синтаксические нормы – это правила построения словосочетаний и предложений.

Синтаксис – это раздел грамматики, который изучает з а к о н ы с о е д и н е н и я с л о в и п о с т р о е н и я п р е д л о ж е н и й. Основными единицами синтаксиса являются **словосочетание** и **предложение**.

Словосочетание – это объединение д в у х и л и н е с к о л ь к и х с л о в, к о т о р ы е с в я з а н ы м е ж д у с о б о й г р а м м а т и ч е с к и и п о с м ы с л у. Словосочетание – несамостоятельная единица, она служит для построения предложения.

Предложение – это г р а м м а т и ч е с к и о р г а н и з о в а н н о е с о е д и н е н и е с л о в (или слово), к о т о р о е о б л а д а е т с м ы с л о в о й и и н т о н а ц и о н н о й з а к о н ч е н н о с т ь ю.

I. Словосочетание

1. По главному слову словосочетания делятся на **именные** и **глагольные**.

Именные словосочетания	Глагольные словосочетания
Главное слово – **существительное, прилагательное, числительное**.	Главное слово – **глагол**.
кни́га (*о чём?*) о Москве́, учёбник (*по чему?*) по фи́зике, сво́йственный (*чему?*) явле́нию, характе́рный (*для чего?*) для явле́ния	рассчи́тывать (*что?*) пара́метры, рассчи́тывать (*на что?*) на успе́х, оде́ть (*кого?*) ребёнка, наде́ть (*что?*) руба́шку

2. В русском языке правильное построение словосочетания зависит от выбора падежа и предлога. Близкие по значению слова могут сочетаться со словами в разных падежах и с разными предлогами.

дире́ктор (*чего?*) заво́да, руководи́тель (*чего?*) предприя́тия	заве́дующий (*чем?*) ка́федрой
по́лный (*чего?*) воды́	напо́лненный (*чем?*) водо́й
превосхо́дство (*над кем?*) над сопе́рником	преиму́щество (*перед кем?*) пе́ред сопе́рником
оплати́ть (*что?*) учёбу	заплати́ть (*за что?*) за учёбу
помо́чь (*кому?*) дру́гу	поддержа́ть (*кого?*) дру́га
получи́ть (*что?*) результа́т	дости́чь (*чего?*) результа́та

ЗАПОМНИТЕ!

Чтобы не делать ошибок в управлении глаголов, нужно запоминать глаголы вместе с вопросом, а ещё лучше — словосочетание с глаголом.

говори́ть/сказа́ть	*что? кому?*	пра́вду дру́гу
спра́шивать/спроси́ть	*кого? о чём?*	дру́га о рабо́те
отвеча́ть/отве́тить	*кому? на что?*	дру́гу на вопро́с

Задание 1. *Напишите слова и словосочетания в правильной падежной форме, используя данные таблиц (см. выше).*

1) Мы пошли на стадион, чтобы поддержать (наша команда).
2) Секретарь поможет (новые студенты) написать заявление.
3) Вам нужно поговорить с заведующим (новая лаборатория) и директором (новый торговый центр).
4) Ты уже заплатил (билет)?
5) Где я могу оплатить (этот счёт)?
6) Я хорошо ответил (первый вопрос).
7) Мама часто спрашивает меня (учёба).
8) Наши спортсмены показали своё явное превосходство (команда гостей).
9) Этот способ имеет несколько преимуществ (все другие).
10) Мы вернулись с экскурсии, полные (впечатления).

3. В русском языке существует явление н а р а щ е н и я р о д и т е л ь н о г о п а-
д е ж а, когда несколько идущих друг за другом слов имеют форму родительного падежа, например, *фо́рмула моле́кулы окси́да на́трия*. Если в словосочета-
ниях количество слов в родительном падеже больше четырёх, то понимать эти
словосочетания очень трудно. Нужно избегать таких конструкций. Например,
словосочетание «*цель составле́ния програ́ммы расчёта пара́метров построе́ния
гра́фика фу́нкции*» лучше написать так: «*Ну́жно соста́вить програ́мму, что́бы
рассчита́ть пара́метры и постро́ить гра́фик фу́нкции*».

4. В том случае, когда два глагола или существительных требуют разного
управления, нельзя строить словосочетания с одним глаголом или существительным.
Сравните:

Неверно	Верно
собира́ть и обме́ниваться информа́цией	*собира́ть информа́цию и обме́ниваться е́ю* (собирать *что?*, а обмениваться *чем?*)
купи́ть и по́льзоваться телефо́ном	*купи́ть телефо́н и по́льзоваться им* (купить *что?*, а пользоваться *чем?*)
наблюде́ние и ана́лиз измене́ний	*наблюде́ние за измене́ниями и их ана́лиз* (наблюдение *за чем?*, а анализ *чего?*)
устано́вка и ухо́д за аппарату́рой	*устано́вка аппарату́ры и ухо́д за ней* (установка *чего?*, а уход *за чем?*)

☞ **Задание 2.** *Найдите два неправильно составленных словосочетания и
исправьте их.*

1) получить и оплатить счёт;
2) купить и установить новый компьютер;
3) купить и пользоваться новым компьютером;
4) написать и сдать курсовую работу;
5) подготовиться к экзамену и сдать его;
6) подготовка и сдача экзамена.

II. Предложение

Предложения в русском языке могут быть **простые** и **сложные**. Сложные предложения состоят из двух или нескольких простых предложений. Главные члены предложения – **подлежащее** и **сказуемое**.

Подлежащее связано со сказуемым и имеет форму именительного падежа (*что? кто?*). Сказуемое связано с подлежащим и отвечает на вопросы *что делает субъект? что с ним происходит? кто он такой?* и др.: *Анна – студе́нтка. Анна краси́ва. Она́ отдыха́ет.* Сказуемое обычно выражено глаголом в разных формах.

1. Простое предложение

1. Предложение имеет грамматическую основу, которая состоит из главных членов (подлежащего и сказуемого) или одного из них. Например:

Студе́нты хорошо́ сда́ли экза́мен.

Ле́то. Жа́рко. Вечере́ет.

Русский язык отличается от большинства европейских языков тем, что п о р я д о к с л о в в русском предложении с в о б о д н ы й : подлежащее может стоять в начале, в середине или в конце предложения. Например:

Мой друг *о́чень хорошо́ говори́т по-ру́сски.*

*По-ру́сски **мой друг** говори́т о́чень хорошо́.*

*Очень хорошо́ говори́т по-ру́сски **мой друг**.*

При переводе, например, на английский язык возможен только один вариант с фиксированным порядком слов:

My friend *speaks Russian very well.*

Другие варианты невозможны и вызывают улыбку:

*Russian **my friend** speaks very well. Very well speaks Russian **my friend**.*

Свободный порядок слов в русском языке возможен потому, что русские существительные, прилагательные, числительные и местоимения имеют падежные формы. Так, например, именительный падеж используется для выражения субъекта предложения (*моя́ ста́ршая сестра́*), винительный – для выражения прямого дополнения (*но́вую кни́гу*), дательный – для выражения косвенного дополнения (*свое́й подру́ге*). Независимо от положения падежной формы слова в предложении, значение этой формы сохраняется и его можно узнать. Поэтому в русском языке можно построить предложение с разным порядком слов. Слова в начале предложения называют то, о чём говорит автор, а слова в конце предложения обозначают то, что хочет сказать автор, что для него особенно важно. Предложение строится по принципу **данное — новое**, то есть сначала идёт известная информация, а потом новая. Например:

Моя́ ста́ршая сестра́ показа́ла но́вую кни́гу подру́ге. (нейтральный вариант с прямым порядком слов)

Но́вую кни́гу моя́ ста́ршая сестра́ показа́ла **подру́ге**. (Автор говорит о новой книге: он хочет сказать, что сестра показала её подруге, а не другому человеку.)

Подру́ге моя́ ста́ршая сестра́ показа́ла **но́вую кни́гу**. (Автор говорит о подруге сестры: он хочет сказать, что сестра показала ей новую книгу, а не что-то другое.)

Когда предложения объединяются в текст, принцип данное — новое сохраняется. Рассмотрим небольшой текст.

Вчера́ бы́ло о́чень интере́сное **заня́тие**. *На* **заня́тии** *мы реша́ли но́вые* **зада́чи**. *Эти* **зада́чи** *оказа́лись о́чень* **тру́дными**. *Са́мые* **тру́дные** *зада́чи мне помо́г реши́ть мой друг* **Том**. *Том хорошо́ зна́ет матема́тику, потому́ что на ро́дине он учи́лся в математи́ческой шко́ле.*

Если вы обратите внимание на выделенные слова, то увидите, что в конце предложения находится новая (самая важная) информация. Та же информация повторяется в начале следующего предложения как данная, известная.

Прямой порядок слов, когда подлежащее предшествует сказуемому, более характерен для научной речи, а обратный — для разговорной речи.

ЗАПОМНИТЕ!

Если при чтении и переводе русского текста у вас возникают трудности в понимании предложения, нужно сначала найти подлежащее, затем — сказуемое (чаще всего это глагол) и только потом переходить к другим членам предложения.

Тем, кто говорит на языке с фиксированным порядком слов (сначала подлежащее — потом сказуемое), трудно строить русские предложения, в которых подлежащее (субъект) находится в конце. Обратите внимание на несколько таких конструкций.

Конструкция	Пример
кому́ **нра́вится** *что*	Мне **нра́вится Москва́**. СРАВНИТЕ: Я люблю́ Москву́.
у кого́ **е́сть** *что*	У моего́ дру́га **есть маши́на**. СРАВНИТЕ: Мой друг име́ет маши́ну.
кому́ **ну́жно (необходи́мо)** *что*	Мне **нужна́ (необходи́ма) эта кни́га**. СРАВНИТЕ: Я хочу́ купи́ть э́ту кни́гу.
где **бы́ло (стоя́ло, лежа́ло, висе́ло, находи́лось)** *что*	В ко́мнате **бы́ло** большо́е **окно́**, у окна́ **стоя́л стол**, над столо́м **висе́ла ла́мпа**.
прошло́ *ско́лько вре́мени*	**Прошёл год.**
чему́ **сво́йственно** *что*	На́трию **сво́йственна акти́вность**.
для чего́ **характе́рно** *что*	Для на́трия **характе́рна акти́вность**.
Многие вопросительные предложения, например: *ско́лько* **сто́ит** *что?*	Ско́лько **сто́ит** э́та **кни́га**? Когда́ бу́дет **экза́мен**? Куда́ уе́хал **твой друг**?
Слова автора в середине или в конце прямой речи	«Мой друг, – сказа́ла **Мари́я**, – у́чится на пе́рвом ку́рсе». «Мой друг у́чится на пе́рвом ку́рсе», – сказа́ла **Мари́я**.

Задание 1. Измените предложения так, чтобы субъект стоял в конце предложения. Используйте данные таблицы (см. выше).

1) Математика мне очень нравится.
2) Телефон у него в кабинете есть.
3) Этот учебник завтра мне будет нужен.
4) Доска висела на стене.
5) Пять лет прошло.
6) Хрупкость свойственна мелу.
7) Сколько эти книги и журналы стоили?
8) «Здравствуйте!» – новая студентка сказала.

В предложениях с подлежащим (субъектом), стоящим в конце, сказуемое должно иметь ту же форму рода и числа, что и подлежащее. Например:

> У него́ **был** компью́тер. (мужской род)
> У него́ **была́** програ́мма. (женский род)
> У него́ **бы́ло** заявле́ние. (средний род)
> У него́ **бы́ли** уче́бники. (множественное число)

Задание 2. Напишите сказуемое в правильной форме.

1) Вчера мне очень нужн... был... тетрадь по физике. 2) Завтра вам буд...т нужн... словари. 3) Мне нрав...тся красивые девушки. 4) Тебе понравил...сь эта девушка? 5) Прошл... неделя. 6) Быстро прошл... годы учёбы в университете. 7) На столе стоял... новые компьютеры и лежал... инструкция к ним. 8) Сколько сто...т эти книги? 9) Сколько стоил... новое оборудование?

2. Трудности в построении предложений возникают в тех случаях, когда в состав подлежащего входят числительные или слова, обозначающие количество. Как правильно:

> Большинство́ студе́нтов уже́ **сда́ли** экза́мены или
> Большинство́ студе́нтов уже́ **сда́ло** экза́мены?

В первом предложении глагол имеет форму множественного числа (так как *большинство́ студе́нтов* — это много студентов), а во втором — форму единственного числа (так как слово *большинство́* — среднего рода единственного числа).

Рассмотрим случаи использования форм единственного и множественного числа глагола-сказуемого.

Глагол-сказуемое используется в форме е д и н с т в е н н о г о ч и с л а в следующих случаях:

1	Подлежащее — числительное без существительного.	*Пятна́дцать **де́лится** на три и на пять.*
2	Обозначение большого числа лиц или предметов.	*На факульте́те **у́чится** пятьсо́т челове́к.*

138

3	Субъекты воспринимаются как одно целое.	На экза́мен **пришло́** два́дцать студе́нтов.
4	Обозначение пространства, времени, веса и т. д.	**Прошло́** сто лет.
5	В состав подлежащего входит числительное **оди́н**.	Сто со́рок оди́н челове́к **у́чится** на пе́рвом ку́рсе.
6	В состав подлежащего входит элемент **пол-**.	Полго́да **прошло́** бы́стро.

Задание 3. *Прочитайте предложения, обращая внимание на форму глагола-сказуемого.*

1) В аудитории сиде́ло тридцать человек. 2) Двадцать тысяч человек пришло на этот митинг. 3) Сорок один человек получил приглашение на вечер. 4) На занятие явилось только полгруппы. 5) Два года прошло с тех пор, как я приехал в Россию. 6) Шестнадцать не делится на пять. 7) В компании работает сто двадцать пять сотрудников. 8) В прошлом году было построено пятнадцать тысяч квадратных метров жилья. 9) Для выполнения этого проекта потребуется пять месяцев.

Глагол-сказуемое используется в форме м н о ж е с т в е н н о г о   ч и с л а в следующих случаях:

1	Подлежащее – одушевлённое существительное, подчёркивается активность каждого субъекта.	В рабо́те конфере́нции **уча́ствовали** двена́дцать студе́нтов.
2	Каждый субъект действует отдельно от остальных.	Шесть студе́нтов уже́ **написа́ли** дипло́мную рабо́ту.
3	В состав подлежащего входят числительные **два**, **три**, **четы́ре**.	Со́рок три челове́ка **сда́ли** экза́мен на «отли́чно».

Варианты употребления формы сказуемого допускаются в тех случаях, когда в состав подлежащего входят слова **мно́го**, **ма́ло**, **не́сколько**, **часть**, **ряд**, **большинство́**, **меньшинство́** + *существительное в родительном падеже.* Глагол-сказуемое может стоять в форме как единственного, так и множественного числа. Правильными являются оба варианта:

Большинство́ студе́нтов уже́ **сда́ли** *экза́мены.*
Большинство́ студе́нтов уже́ **сда́ло** *экза́мены.*

Если мы оставим только слово **большинство́**, то сказуемое примет форму единственного числа:

Большинство́ успе́шно **сда́ло** *экза́мены.*

Зада́ние 4. *Выберите правильную форму сказуемого. Найдите три предложения, где возможны два варианта.*

1) В соревнованиях (участвовала — участвовали) тридцать одна команда.
2) Большинство (пришло — пришли) вовремя. Несколько студентов (опоздало — опоздали).
3) Я не заметил, как (прошло — прошли) два часа.
4) Много студентов хорошо (говорит — говорят) по-русски.
5) Семь человек (сдало — сдали) экзамены досрочно.
6) Мало людей (знает — знают) ответ на этот вопрос.

3. Обратите внимание на использование в предложении местоимений **свой**, **себя́** (подробнее об этих местоимениях см. *Тему 3*). Если в предложении говорится о д в у х участниках действия, то употребление таких местоимений может привести к двусмысленности. Например:

Преподава́тель попроси́л студе́нта положи́ть **свою́** *тетра́дь на стол.*

В данном случае непонятно, о чьей тетради говорится в предложении: о тетради преподавателя или студента. В таких случаях нужно «разделять» участников действия. Сравните:

Преподава́тель взял **свою́ тетра́дь** *и попроси́л студе́нта положи́ть её на стол* (тетрадь преподавателя).

Преподава́тель сказа́л, что́бы студе́нт положи́л **свою́ тетра́дь** *на стол* (тетрадь студента).

Рассмотрим другой пример.
Дире́ктор попроси́л сотру́дника пройти́ **к себе́ в кабине́т.**

При таком построении предложения непонятно, в чей кабинет должен пройти сотрудник: в кабинет директора или в кабинет, где работает сотрудник. Нужно изменить предложение, «разделив» двух участников действия. Сравните:

*Дире́ктор пригласи́л сотру́дника **к себе́** в кабине́т* (кабинет директора, поэтому директор приглашает сотрудника).

*Дире́ктор сказа́л, что́бы сотру́дник прошёл **в свой** кабине́т* (кабинет сотрудника).

4. В русском литературном языке широко используются **деепричастные обороты**, которые состоят из деепричастия и зависимых от него слов. Вспомним, что деепричастие — это форма глагола, которая обозначает дополнительное действие (основное действие выражает глагол). Деепричастный оборот может стоять в начале предложения, в середине или в конце. Например:

***Сдав экза́мены**, мой друг пое́хал на ро́дину.*
*Мой друг, **сдав экза́мены**, пое́хал на ро́дину.*
*Мой друг пое́хал на ро́дину, **сдав экза́мены**.*

ЗАПОМНИТЕ!

Действие, которое обозначается деепричастием, всегда относится к подлежащему.

Рассмотрим два примера.
Сдав экза́мен, друзья́ меня́ поздравля́ли.
Сдав экза́мен, я получи́л поздравле́ние от друзе́й.

В первом предложении подлежащее — слово **друзья́**; это значит, что оба действия относятся к этому слову, то есть друзья сами сдали экзамен и потом поздравляли меня. Такое предложение построено неправильно. Во втором предложении действие, выражаемое деепричастием и глаголом, относится к подлежащему **я** (*я сдал экза́мен и я получи́л поздравле́ние*). Второе предложение построено правильно.

Деепричастные обороты используются в книжной речи, в разговорном языке употребляются придаточные предложения с союзами **когда́**, **по́сле того́ как**, **е́сли** и т. п. Например:

***Написа́в курсову́ю рабо́ту**, я отда́л её преподава́телю.*
***Когда́** я написа́л курсову́ю рабо́ту, я отда́л её преподава́телю.*

Задание 5. *Исправьте предложения с деепричастными оборотами, используя придаточные предложения.*

Образец: Открыв окно, в комнату влетела птица. – Когда я открыл окно, в комнату влетела птица.

1) Ответив на все вопросы, преподаватель поставил мне «отлично». 2) Нажав на красную кнопку, прибор выключился. 3) Сделав ошибку в моей работе, преподаватель исправил её. 4) Прибор включился, нажав на кнопку «Пуск». 5) Написав заявление, секретарь взял его у меня. 6) Придя домой, меня встретил сосед. 7) Приехав с практики, начался новый семестр. 8) Зайдя в библиотеку, мне дали книги. 9) Получив диплом, меня поздравили друзья.

2. Сложное предложение

Сложное предложение состоит из двух или нескольких простых предложений.

Простые предложения	Сложное предложение
Мой друг пропусти́л ле́кцию. *Преподава́тель объясня́л но́вый материа́л.* *Мой друг пло́хо написа́л контро́льную рабо́ту.*	*Мой друг пло́хо написа́л контро́льную рабо́ту, **потому́ что** он пропусти́л ле́кцию, **на кото́рой** преподава́тель объясня́л но́вый материа́л.*

Для иностранцев, изучающих русский язык, значительную трудность представляет построение сложных предложений со словом **кото́рый**. Это слово изменяется как прилагательное и имеет формы рода, числа и падежа.

ЗАПОМНИТЕ!

Форма р о д а и ч и с л а слова **кото́рый** зависит от того слова в главном предложении, к которому относится придаточное предложение. Сравните:

Главное предложение	Придаточное предложение
Это но́вый уче́бник (муж. р.),	кото́рый продаётся в кио́ске.
Это но́вая кни́га (жен. р.),	кото́рая продаётся в кио́ске.
Это но́вое посо́бие (ср. р.),	кото́рое продаётся в кио́ске.
Это но́вые журна́лы (мн. ч.),	кото́рые продаю́тся в кио́ске.

ЗАПОМНИТЕ!

П а д е ж н а я форма слова *кото́рый* зависит от его функции в придаточном предложении. Сравните:

Главное предложение	Придаточное предложение
Это но́вый уче́бник,	кото́рый продаётся в кио́ске. (И. п.)
	кото́рого нет в библиоте́ке. (Р. п.)
	по кото́рому мы занима́емся. (Д. п.)
	кото́рый я купи́л вчера́. (В. п.)
	с кото́рым я пришёл на уро́к. (Т. п.)
	о кото́ром мы говори́ли. (П. п.)

Следовательно, зависимость рода, числа и падежа слова *кото́рый* будет такой:

Главное предложение	род и число
Придаточное предложение	падеж

Правильно выбрать форму слова *кото́рый* будет легче, если вместо сложного предложения построить два простых и заменить слово *кото́рый* местоимением. Сравните:

Простые предложения	Сложное предложение
Это но́вая кни́га. **Она́** продаётся в кио́ске.	Это но́вая кни́га, кото́р**ая** продаётся в кио́ске. (И. п.)
Это но́вая кни́га. **Её** нет в библиоте́ке.	Это но́вая кни́га, кото́р**ой** нет в библиоте́ке. (Р. п.)
Это но́вая кни́га. **По ней** мы занима́емся.	Это но́вая кни́га, по кото́р**ой** мы занима́емся. (Д. п.)
Это но́вая кни́га. **Её** я купи́л вчера́.	Это но́вая кни́га, кото́р**ую** я купи́л вчера́. (В. п.)
Это но́вая кни́га. **С ней** я пришёл на уро́к.	Это но́вая кни́га, с кото́р**ой** я пришёл на уро́к. (Т. п.)
Это но́вая кни́га. **О ней** мы говори́ли.	Это но́вая кни́га, о кото́р**ой** мы говори́ли. (П. п.)

Зада́ние 6. *Объедините два простых предложения в одно сложное со словом* **который**.

1) Это новая студентка. *Она* будет учиться в нашей группе. 2) Это моя подруга. *С ней* я познакомился в школе. 3) Сегодня я сдал курсовую работу. *Её* я закончил вчера. 4) Я встретил преподавателя. *Ему* я сдавал экзамен. 5) Я не знаю новых студентов. *Их* не было на лекции. 6) Нам нужно переписать контрольную работу. *В ней* мы сделали много ошибок. 7) Я написал письмо другу. *С ним* мы учились в школе. 8) Я был рад встретиться с другом. *Его* я давно не видел. 9) Это моя подруга. *Её* зовут Елена. 10) Мне нужен преподаватель. *Его* зовут Виктор Петрович.

Зада́ние 7. *Напишите слово* **который** *в правильной форме.*

1) Я хочу купить книгу, о котор... говорил преподаватель. 2) Это моя подруга, котор... зовут Анна. 3) Как зовут преподавателя, котор... будет читать лекции? 4) Вот тетрадь, котор... ты забыл в аудитории. 5) Я хочу поговорить с преподавателем, котор... мы сдавали зачёт. 6) Где ключ, котор... ты открыл дверь? 7) Ты знаешь новую студентку, котор... будет учиться в нашей группе? 8) Покажи мне книгу, котор... ты взял в библиотеке. 9) Вчера я встретил девушку, с котор... познакомился на вечере.

При построении сложных предложений со словом **кото́рый** нужно помнить о правильном порядке слов.

ЗАПОМНИТЕ!

Слово *кото́рый* относится к ближайшему существительному главного предложения.

Сравните два предложения:

Я взял конспе́кт, кото́рый лежа́л на столе́.

Я взял конспе́кт моего́ дру́га, кото́рый лежа́л на столе́.

В первом предложении слово *кото́рый* относится к существительному *конспе́кт*: конспе́кт, *кото́рый* лежа́л на столе́. Во втором предложении слово *кото́рый* относится к последнему существительному *дру́га*: дру́га, *кото́рый* лежа́л на столе́. Следовательно, это именно друг лежал на столе. Второе предложение вызывает улыбку, потому что оно составлено с ошибкой. Немного изменим предложение.

Я взял конспе́кт моего́ дру́га, кото́рый лежа́л на дива́не.

По правилу слово *кото́рый* относится к существительному *дру́га*, то есть друг лежал на диване, а я взял его конспект. Если автор хотел сказать, что конспект лежал на диване, то нужно строить сложное предложение по первому образцу:

Я взял конспе́кт, кото́рый лежа́л на дива́не. Это был конспе́кт моего́ дру́га.

Иногда предложение становится двусмысленным и непонятным. Например:

Студе́нты занима́ются в диспле́й-кла́ссе факульте́та, кото́рый неда́вно отремонти́ровали.

Непонятно, что именно отремонтировали: только дисплей-класс или весь факультет? Если мы хотим сказать, что отремонтировали дисплей-класс, то нужно построить предложение так, чтобы это слово стало последним:

Студе́нты факульте́та занима́ются в диспле́й-кла́ссе, кото́рый неда́вно отремонти́ровали.

☛ Задание 8. *Найдите ошибки в сложных предложениях и исправьте их.*

1) Я зашёл к подруге в аудиторию, которая учится на первом курсе. 2) Мы сдали зачёт преподавателю, к которому мы долго готовились. 3) Староста принёс зачётные книжки студентов, которые лежали в деканате. 4) Мастер поставил компьютер на стол, который не работал. 5) Я взял учебник у моего друга, о котором нам говорил преподаватель. 6) Я позвонил другу по телефону, у которого был день рождения. 7) Я подарил книгу сестре, в которой было много иллюстраций. 8) Антон ходил в музей с другом, в котором была выставка. 9) Менеджер взял отчёт нового сотрудника, который лежал на столе.

Тема 9

ФУНКЦИОНАЛЬНЫЕ СТИЛИ, ПОДСТИЛИ РЕЧИ, ЖАНРЫ

1. Общая характеристика понятия «функциональный стиль речи»

Известно, что в зависимости от сферы общения, цели коммуникации, формы речи (устной или письменной) и адресата речевые ситуации могут быть очень разными: бытовыми, учебными, деловыми и пр. При этом одни средства языка будут предпочтительными в деловом общении, другие — в научной сфере и т. д. Так формируются **функциональные стили — разновидности литературного языка**. Каждый из них обслуживает какую-либо сферу общественной жизни, характеризуется определённым кругом тем, своим набором языковых средств и выполняет в каждом конкретном случае определённую функцию. Именно поэтому он называется функциональным.

В соответствии со сферами употребления и в зависимости от главной функции выделяются различные функциональные стили речи. Традиционная классификация стилей современного русского литературного языка может быть представлена в виде следующей схемы:

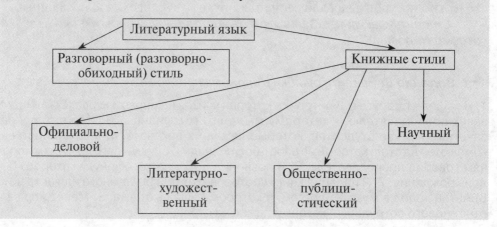

Функциональный стиль создаётся сочетанием нейтральных языковых средств и специальных средств, употребляющихся только в данном стиле. Особенности каждого стиля проявляются как **в устной**, так и **в письменной форме** речи (хотя и в неодинаковой степени). При этом стилевые различия охватывают все языковые уровни: произношение слов и постановку ударения, морфологические средства, лексико-фразеологический состав, характерные синтаксические конструкции.

Поскольку каждый функциональный стиль многогранен и представляет собой сложную систему, внутри стилей выделяют **подстили**, отвечающие требованиям конкретного рода деятельности. Так, в научном стиле различаются собственно научный подстиль (академическая сфера), научно-технический (инженерная сфера), учебно-научный (сфера высшего образования) и другие подстили.

Заметим, что особенность каждого стиля составляют не только сфера и цель общения, условия коммуникации, но и **жанры**, в которых он реализуется. Жанр – это определённый тип текста, сохраняющий общие черты того или иного функционального стиля, но при этом имеющий свои композиционно-речевые особенности. Например, в официально-деловом стиле выделяют такие жанры, как заявление, приказ, справка, деловое письмо; в научном стиле — доклад, научная статья, реферат, аннотация и др.

Из определения ясно, что каждый жанр требует своих языковых средств выражения и особого способа их организации. При этом всегда необходимо помнить о том, чтобы выбор стилистически окрашенных слов был оправданным, чтобы используемые языковые средства принадлежали стилю, к которому относится тот или иной жанр. В противном случае в тексте может возникнуть двусмысленность, информация может быть истолкована неправильно, что будет свидетельствовать о низком уровне речевой культуры. Если говорящий или пишущий свободно владеет средствами русского языка и знает особенности каждого функционального стиля, в конкретной речевой ситуации он правильно выберет необходимые языковые единицы.

Конечно, на практике мы нередко наблюдаем смешение стилей. Особенно часто это имеет место в публицистике и разговорно-обиходном стиле речи. Но чтобы понять степень допустимости использования разных проявлений языка, нужно хорошо знать нормы и качественные характеристики каждого стиля.

2. Особенности разговорного (разговорно-обиходного) стиля речи

Этот стиль используется для неофициального, повседневного общсния в разных **сферах** деятельности: социально-бытовой, профессиональной, учебной и др.

Главная **цель** разговорно-обиходного стиля — обмен информацией, мыслями, чувствами, впечатлениями, иногда просто поддержание контакта между людьми.

Чаще всего в этом стиле доминирует бытовая **тематика** (погода, здоровье, новости, цены, покупки, взаимоотношения в семье, в кругу друзей и знакомых), но могут затрагиваться и такие темы, как искусство, спорт, политика, события в профессиональной среде и т. д.

Разговорно-обиходный стиль реализуется прежде всего в **устной форме** речи — диалоге или полилоге. Однако он встречается и в письменных формах.

Разговорная речь — речь некодифицированная, ей свойственны неподготовленность (спонтанность), импровизация, конкретность. Разговорно-обиходный стиль не всегда требует строгой логики, последовательности изложения. Но для него характерны выразительность, эмоциональность, образность, наличие субъективной оценки, простота, а иногда даже некоторая фамильярность тона.

В разговорном стиле различаются следующие **жанры**: дружеская беседа, частный разговор, записка, частное письмо, личный дневник.

В языковом плане наряду с нейтральной, общеупотребительной **лексикой** в разговорной речи встречается большое количество
– разговорных лексических единиц (*чита́лка, пре́под, шпо́ра*);
– эмоционально окрашенных слов (ср.: *дом, до́мик, доми́шко, доми́ще*);
– так называемых слов-конденсатов (*вечёрка* — «Вечерняя Москва», *маршру́тка* — маршрутное такси), слов-дублетов (*морози́лка* — испаритель в холодильнике).

Для разговорного стиля характерны:
– частицы (*ну́-ка, же*);
– междометия (*Эх, Увы́! О!*);
– усечённые формы обращений (*Мам! Пап! Нин!*);

для выражения экспрессии:

– глагольные формы настоящего времени могут использоваться в рассказе о прошлых событиях (*Иду́ я вчера́ по у́лице, вдруг ви́жу...*) и для обозначения действий в будущем (*За́втра е́дем в Петербу́рг*);

– формы сослагательного наклонения употребляются в значении императива (*Отдохну́л бы ты!*).

В разговорной речи много фразеологических оборотов, сравнений, пословиц, поговорок (*мо́ре по коле́но, голо́дный как волк, у стра́ха глаза́ велики́*).

На уровне **синтаксиса** разговорная речь отличается:

– свободным порядком слов (*Не́ было вчера́ бра́та до́ма*);

– частым использованием неполных предложений (*Ты куда́? – В деся́тую; Ну, что? – Сдал!*).

Неподготовленность разговорной речи обусловливает преобладание простых, коротких предложений, в которых обычно количество слов не превышает 6–7 единиц.

Следует отметить ещё одну особенность разговорного стиля: для него большое значение имеет знание речевого этикета как в письменной, так и в устной форме. Кроме того, для устной разговорной речи необходимо учитывать такие внеязыковые факторы, как мимика, жесты, тон, окружающая обстановка.

Более подробно об особенностях разговорной речи и речевого этикета мы поговорим далее (*см. Тему 11*).

3. Особенности литературно-художественного стиля речи

Сфера функционирования литературного стиля — литературное творчество.

Главной отличительной особенностью языка художественной литературы является то, что вся организация языковых средств подчинена здесь не просто передаче содержания, а **воздействию на чувства и мысли** читателя (слушателя) с помощью художественных образов.

Данному стилю свойственна преимущественно **письменная форма** речи.

Основные черты художественного стиля — эмоциональность, образность, эстетическая значимость, проявление авторской индивидуальности. Для создания художественного образа в этом стиле широко используются:

– метафоры (*корабли́ туч*);

– сравнения (*глаза́, как мо́ре*);

– эпитеты (*невообрази́мо прекра́сная, изуми́тельная жизнь*) и другие специфические выразительные средства.

Заметим, что в художественном произведении в целях создания достоверного образа могут присутствовать некоторые элементы нелитературного языка (диалектизмы, жаргонизмы, просторечие) или языковые средства других стилей. В литературно-художественных текстах изобилуют многозначные слова, широко используются синонимы, антонимы, фразеологизмы.

Синтаксис отличается разнообразием типов предложений, свободным порядком слов. Именно поэтому язык художественной литературы исключительно богат и гибок.

Литературно-художественный стиль реализуется в форме прозы, драмы и поэзии, в которых выделяются соответствующие **жанры**: роман, повесть, рассказ; драма, комедия, трагедия; стихотворение, поэма и др.

4. Особенности общественно-публицистического стиля речи

Публицистический стиль — это разновидность литературного языка, обслуживающая широкую **сферу** общественных отношений: политических, юридических, экономических, культурных, религиозных и т. д. Всё это определяет его разнообразную тематику.

Публицистический стиль выполняет две основные **функции** — информационную и функцию воздействия. Языковые средства публицистического стиля используются, прежде всего, чтобы при передаче информации оказать желаемое воздействие на разум и чувства адресата, настроить его определённым образом, убедить или разубедить его в чём-либо.

Публицистический стиль адресован массовому читателю и слушателю, то есть он в одинаковой степени широко представлен в **устной** и **письменной форме**. Этот стиль достаточно сложен, в нём выделяются многочисленные подстили и жанры.

Наиболее полно и ярко, во всём многообразии жанров публицистический стиль представлен в **газетном подстиле**. Поэтому понятия «язык газеты» и «публицистический стиль» часто рассматриваются как близкие или тождественные. Наибольшую значимость имеют у с т н ы е **жанры**, используемые в средствах массовой информации, такие как:

– интервью,
– репортаж,
– ораторское выступление,
– дискуссия и некоторые другие.

Основными п и с ь м е н н ы м и жанрами газетной публицистики являются:

– аналитические (статья, рецензия, обзор) и
– художественно-публицистические (очерк, фельетон).

Газетный подстиль интересен тем, что в нём соединяются две противоположные тенденции: тенденция к с т а н д а р т и з а ц и и , свойственная строгим книжным стилям (научному и официально-деловому), и тенденция к э к с п р е с с и в н о с т и , характерная для разговорной речи и языка художественной литературы. Поэтому в газете часто встречаются устойчивые, стандартные выражения, имеющие экспрессивную окраску. Типичными для газетно-публицистического подстиля являются, например, словосочетания *до́брая тради́ция, крова́вый переворо́т, убеди́тельная побе́да, обостре́ние обстано́вки* и др.

Лексика данного подстиля характеризуется в целом большим тематическим многообразием, наличием оценочных слов, слов разговорной окраски, а также слов иноязычного происхождения.

Для **синтаксиса** характерен свободный порядок слов (за исключением наиболее строгих жанров: передовой статьи, доклада и т. п.).

В зависимости от тематики тексты публицистического стиля могут отличаться официальностью или неофициальностью, конкретностью или обобщённостью. Однако большинству из них свойственны информативность, простота, логичность, эмоциональность, призывность, социальная оценочность. Важной особенностью можно считать и то, что публицистический стиль всегда стремится к образности и одновременно краткости при выражении мысли.

5. Особенности научного стиля речи

Сферами функционирования научного стиля речи являются наука, образование и производство.

Главная **цель** данного стиля — сообщение научных сведений, объяснение научных фактов.

Научный стиль относится к **письменно-книжному** типу речи, хотя может проявляться и в **устной** речи в виде докладов, лекций, научных дискуссий. Он в большей степени, чем другие функциональные стили, рассчитан на подготовленного читателя и слушателя.

В научном стиле речи в зависимости от характера адресата и целей выделяют следующие **подстили** и соответствующие им письменные **жанры**:

1) собственно научный (академический) подстиль (жанры: монография, научная статья, доклад, диссертация);

2) научно-информативный подстиль (жанры: реферат, аннотация, патентное описание);

3) научно-справочный подстиль (жанры: справочник, каталог, словарь, энциклопедия);

4) учебно-научный подстиль (жанры: учебник, учебно-методическое пособие, лекция);

5) научно-популярный подстиль (жанры: статья, очерк).

Первые три подстиля призваны точно передавать научную информацию с описанием научных фактов. Их отличает академичность изложения, адресованного специалистам. Основные признаки: точность передаваемой информации, убедительность аргументации, логическая последовательность изложения, лаконичность.

Учебно-научный подстиль адресован будущим специалистам, поэтому его отличает бо́льшая доступность, наличие богатого иллюстративного материала, таблиц, графиков, схем, многочисленных примеров, пояснений, комментариев.

Адресатом научно-популярного подстиля является широкая читательская аудитория, поэтому в нём научные данные представлены не в строгой академической форме, а в более доходчивой и занимательной.

В целом всем подстилям научного стиля свойственна объективность, а также точное и однозначное выражение мыслей. Он не терпит двусмысленности, которая может привести к неправильному толкованию фактов или явлений. Кроме того, научное мышление призвано устанавливать общие закономерности. Поэтому научный стиль характеризуется аналитичностью, подчёркнутой логичностью изложения, аргументированностью, лаконичностью.

В научном стиле используется нейтральная и специальная **лексика**, терминология. Лексический состав этого стиля отличается однородностью и замкнутостью: в научных текстах большое место занимают абстрактная лексика, строгие однозначные понятия, стереотипные выражения научной речи. Здесь минимально используются многозначные слова и синонимические ряды, отсутствует лексика с экспрессивной, разговорной и просторечной окраской.

Синтаксис научного текста характеризуется преимущественно традиционным порядком слов и достаточно большим процентом сложных предложений.

К сожалению, нередко язык научных текстов неоправданно усложняется. На наш взгляд, основное требование к культуре владения научным стилем речи можно сформулировать так: выражайся настолько сложно, насколько сложен конкретный объект исследования, но не более того.

6. Особенности официально-делового стиля речи

Официально-деловой стиль функционирует в **сфере** управления, правовой, административно-общественной и дипломатической сферах деятельности.

Основной его **целью** является фиксация различной деловой и служебной информации, поэтому он преимущественно используется в **письменной форме** речи. К **устным** официально-деловым жанрам относятся деловые переговоры, а также выступления законодателей, юристов, дипломатов и т. п.

Данный стиль подразделяется на **подстили**: законодательный, канцелярский, деловую переписку, дипломатический. Каждый подстиль реализуется в следующих **жанровых разновидностях**:

1) з а к о н о д а т е л ь н ы е жанры: устав, конституция, закон, кодекс, постановление, указ;

2) к а н ц е л я р с к и е жанры, в составе которых выделяют:

    а) *личные* документы (заявление, автобиография, резюме);

    б) *административно-организационные* документы (контракт, договор);

    в) *распорядительные* документы (приказ, распоряжение, инструкция, постановление);

    г) *информационно-справочные* документы (справка, отчёт, служебная (докладная) записка, объяснительная записка);

3) жанры д е л о в о й п е р е п и с к и : письмо-запрос, письмо-ответ, коммерческое письмо, сопроводительное письмо, гарантийное письмо, приглашение и т. п.;

4) жанры д и п л о м а т и ч е с к о г о подстиля: соглашение, заявление, договор, коммюнике, нота, меморандум.

Основные черты официально-делового стиля — подготовленность, объективность, стандартизованность, лаконичность, точность и аргументированность изложения.

С точки зрения **языкового** оформления этот стиль характеризуется сочетанием нейтральной лексики и специальной, терминологической. В деловых текстах большое количество интернационализмов, аббревиатур, сложносокращённых слов.

Синтаксическими особенностями деловой речи является широкое использование безличных предложений и пассивных конструкций.

Письменная форма деловой речи отличается большей строгостью и официальностью по сравнению с устной. В письменных жанрах недопустима разговорная и экспрессивно окрашенная лексика. Эти жанры строятся на речевых стереотипах, характерных для делового этикета. Что касается устной деловой речи, то она более свободна в выборе языковых средств: здесь достаточно заметно влияние разговорного стиля. Экспрессивность устной деловой речи достигается благодаря разнообразию интонации, а также использованию невербальных языковых средств.

Более подробно официально-деловой стиль речи мы рассмотрим далее (*см. Тему 10*).

Итак, мы выяснили, что отличает один стиль речи от другого, определили качественные показатели всех функциональных стилей. Подчеркнём, что знание стилевых особенностей и умение их различать необходимо, чтобы правильно выражать свои мысли в соответствии с конкретной сферой деятельности и ситуацией общения.

Задание 1. *Заполните таблицу. Укажите основные признаки функциональных стилей речи, используя материал для справок.*

	СТИЛИ РЕЧИ				
	Разговорный	Литературно-художественный	Общественно-публицистический	Научный	Официально-деловой
П р и з н а к и					

Материал для справок: 1) объективность; 2) точность; 3) логичность; 4) лаконичность; 5) эмоциональность; 6) образность; 7) стандартизованность; 8) официальность; 9) простота; 10) обобщённость; 11) конкретность; 12) нормированность; 13) спонтанность; 14) аналитичность; 15) аргументированность; 16) подготовленность; 17) стереотипность; 18) безличность.

Задание 2. *Заполните таблицу. Определите принадлежность перечисленных ниже языковых средств тому или иному функциональному стилю.*

	СТИЛИ РЕЧИ			
	Научный	**Официально-деловой**	**Общественно-публицистический**	**Разговорный**
Я з ы к о в ы е с р е д с т в а				

Я з ы к о в ы е   с р е д с т в а: 1) термины; 2) большой процент употребления отглагольных существительных; 3) канцеляризмы; 4) экспрессивно окрашенная лексика; 5) фразеологизмы; 6) образные сравнения; 7) большой процент употребления инфинитивов; 8) большой процент употребления глаголов в форме 1-го и 2-го лица; 9) краткая форма прилагательных; 10) частицы; 11) обращения; 12) большой процент употребления числительных; 13) причастия; 14) деепричастия; 15) активность родительного падежа; 16) большой процент употребления сложных предложений; 17) неполные предложения; 18) предложения с формой императива; 19) вводные слова и конструкции; 20) безличные предложения; 21) пассивные конструкции; 22) восклицательные предложения; 23) абстрактные существительные; 24) свободный порядок слов; 25) эпитеты.

Задание 3. *Определите, к каким функциональным стилям относятся фрагменты текстов, аргументируйте свой ответ. В тексте официально-делового стиля подчеркните канцеляризмы, научного стиля – термины, разговорного стиля – фразеологизмы, общественно-публицистичекого стиля – характерные стереотипы и средства выразительности.*

1. 28 ноября, в день рождения академика Дмитрия Сергеевича Лихачёва, в Санкт-Петербурге состоялось торжественное заседание, посвящённое 100-летнему юбилею великого учёного-гуманиста. Выступавшие на заседании рассказали о разных гранях его дарования, с волнением вспоминали о встречах и разговорах с ним.

Очень эмоционально выступила Людмила Вербицкая, ректор Санкт-Петербургского госуниверситета, питомцем которого был Дмитрий Лихачёв. Людмила Алексеевна рассказала, как живо интересовался он университетским процессом. В гуманитаризации образования учёный видел путь к гуманизации общества, горевал по поводу недопустимого засорения русского языка: известно, что Лихачёв предлагал создать комитет по спасению русского языка во главе с президентом страны. Он был убеждён в том, что каждый человек должен совершенствовать свой язык, что это огромное удовольствие, не меньшее, чем следить за своей одеждой, правда, менее дорогое.

2. Клиент передаёт, а государственное учреждение, Управление вневедомственной охраны при УВД Центрального административного округа г. Москвы, принимает под охрану отдельную квартиру или иное помещение (в дальнейшем Объект), в котором проживают клиент и члены его семьи, а также лица, зарегистрированные или имеющие какое-либо право собственности на жильё, и которым они пользуются на основании найма, аренды, права собственности, а также иных законных оснований, путём осуществления контроля подключённых к пульту централизованного наблюдения абонентских устройств сигнализации, установленных на Объекте.

3. Зависимость между искомыми величинами будет найдена, если будут указаны методы нахождения неизвестных функций, определяемых дифференциальными уравнениями. Нахождение неизвестных функций, определяемых дифференциальными уравнениями, и является основной задачей теории дифференциальных уравнений.

4. Пригласил нас как-то сын лесника к себе за грибами сходить, поохотиться. «Уху сварим – пальчики оближешь!» – пообещал он. Мы обрадовались, уши развесили, слушаем. А мой брат голову потерял от гордости. Как же! В лесу заночуем, костёр разведём! «Пойдём да пойдём, – говорил он. – Говорят, он мастер рыбу ловить, собаку на этом деле съел». Не знаю, каких собак он съел, а вот мы попались на удочку: обманул он нас. В субботу мы пошли к нему, как договорились. Пришли, а его нет.

– Вечно он морочит всем голову, – рассердился дед. – Ничего, пойдёте со мной.

И мы весь день провели с дедом. Было так хорошо: ни в сказке сказать ни пером описать.

Тема 10

ОФИЦИАЛЬНО-ДЕЛОВОЙ СТИЛЬ РЕЧИ

1. Общая характеристика официально-делового стиля речи. Виды документов

Официально-деловой стиль речи — это разновидность литературного языка, которая используется в административной, правовой и дипломатической сферах деятельности.

В зависимости от сферы употребления официально-деловой стиль подразделяется на **подстили** и соответствующие им **жанры**.

Подстиль	Жанры
Дипломатический	Договор, конвенция, нота, меморандум, коммюнике и др.
Законодательный	Закон, конституция, устав, акт, постановление, указ и др.
Административно-кан-целярский (собственно официально-деловой)	Заявление, автобиография, резюме, контракт, договор, приказ, справка, расписка, объяснительная записка, доверенность и др.
Деловая переписка	Письмо-запрос, письмо-ответ, гарантийное письмо, приглашение и др.

В основе отношений физических и юридических лиц лежит обмен информацией, которая может быть представлена в устной и письменной форме. В официально-деловом стиле обычно используется письменная форма — документ.

Документ — это зафиксированная на материальном носителе информация с реквизитами, которые позволяют ее идентифицировать. Документ содержит информацию о лицах, предметах, фактах и событиях.

Выделим основные **функции** документов:

1) и н ф о р м а ц и о н н а я (предоставление и хранение информации);

2) к о м м у н и к а т и в н а я (обмен информацией);

3) п р а в о в а я (возможность использования в суде в качестве письменного доказательства).

По форме изложения документы можно разделить на следующие группы:

Группа документов	Форма изложения	Жанр
Индивидуальные	Свободная	Объяснительная записка
Трафаретные	На бланке напечатана постоянная часть и оставлены пробелы для заполнения переменной части	Справка
Типовые	Образцы для составления текста документа	Заявление

Что включают в себя требования к оформлению документов?

Любой документ состоит из ряда элементов (даты, текста, подписи и др.), которые называются реквизитами.

Реквизиты — это обязательный информационный элемент документа, который должен быть расположен на определённом месте бланка или листа документа.

Реквизиты нужны для того, чтобы документ имел юридическую силу. Государственный стандарт (ГОСТ Р 6.30-2003) определяет, какие реквизиты нужны для определённого вида документа.

Обязательными реквизитами, которые обеспечивают юридическое значение документов, являются:

1) наименование организации (должностного лица) — автора документа;

2) наименование вида документа (заявление, доверенность и т. п.);

3) дата документа;

160

4) регистрационный номер;
5) гриф утверждения документа;
6) текст;
7) подпись;
8) печать.

Д а т а — один из наиболее важных реквизитов любого документа, так как её отсутствие делает документ недействительным. Датой документа является дата его подписания или утверждения. Дату оформляют арабскими цифрами в последовательности: д е н ь   м е с я ц а ,   м е с я ц ,   г о д . День месяца и месяц оформляют двумя парами арабских цифр, разделёнными точкой; год — четырьмя арабскими цифрами. Например, *1 сентября 2011 года* нужно написать так: *01.09.2011.* Допускается словесно-цифровой способ оформления даты, например: *01 сентября 2011 г.*

П о д п и с ь является обязательным реквизитом любого документа. Если документ представлен в электронном виде, используется э л е к т р о н н а я   ц и ф р о в а я   п о д п и с ь (ЭЦП).

Документы требуют определённого **формата**. Официальные документы должны быть представлены на бумаге формата **А4** (210x297 мм) и **А5** (148x210 мм).

Требования к составлению деловых текстов очень строги.

1) Документы должны ч ё т к о   и   т о ч н о передавать информацию и исключать неясности.

2) Необходимо следить за л о г и ч н о с т ь ю изложения информации.

3) Документы должны быть л а к о н и ч н ы м и (как правило, не более одной-двух страниц), но полностью передавать необходимую информацию.

4) Информация должна быть д о с т о в е р н о й (реальной) и   а р г у м е н т и р о в а н н о й .

5) Язык документа должен с о о т в е т с т в о в а т ь   н о р м а м официально-делового стиля.

Служебный документ, как правило, состоит из двух частей. В одной части указывают причины составления документа (информация о фактах и событиях), в другой части содержатся решения, выводы, просьбы, предложения, рекомендации.

2. Языковые особенности официально-делового стиля речи

Язык документа должен соответствовать нормам литературного языка.

1. Знание **орфографических норм** обязательно для любого вида письменной речи. Особенность языка документов – широкое использование с о к р а щ е н и й (аббревиатур). Остановимся на нескольких правилах.

1) При перечислениях в конце предложения допускаются сокращения:

- *и т. д.* (и так далее);
- *и т. п.* (и тому подобное);
- *и пр.* (прочие);
- *и др.* (и другие).

2) Сокращается союз «то есть» – *т. е.*

3) Можно сокращать названия учёных степеней и званий и наименования должностей:

- *проф.* (прессор), *доц.* (доцент);
- *канд. физ.-мат. нау́к* (кандидат физико-математических наук), *к. т. н.* (кандидат технических наук);
- *гл. инжене́р* (главный инженер)*;*
- *зав. ка́федрой* (заведующий кафедрой) и т. п.

4) Слова **го́род** и **год** имеют форму *г.*, например: *г. Воро́неж, 2009 г.*

5) Сокращаются географические понятия:

- *р.* (река);
- *пгт* (посёлок городского типа);
- *оз.* (озеро) и т. п.

6) Сложные слова пишутся смешанным образом:

- *50-ле́тие;*
- *40-метро́вый;*
- *60-то́нный* и т. п.

7) Используются сокращения названий организаций:

- *ЦБ РФ* (Центральный банк Российской Федерации);
- *МГУ* (Московский государственный университет);
- *РУДН* (Российский университет дружбы народов) и т. п.

Задание 1. *Напишите сокращения в полной форме.*

10-метровый; доц. Иванов; к. т. н. Смирнова; зав. отделом Степанов; р. Волга; г. Курск; оз. Байкал; рис. 6; табл. 5; РФ; СНГ; ООН; МИД; КВН; инженерный ф-т.

2. Грамматические нормы официально-делового стиля предполагают использование устойчивых языковых моделей и текстовых формул. Рассмотрим некоторые особенности языка служебных документов.

1) Вместо отдельных глаголов используются г л а г о л ь н ы е с л о в о -
с о ч е т а н и я :

осуществля́ть контро́ль – контроли́ровать;
оказа́ть по́мощь – помо́чь и т. п.

Задание 2. *Найдите в правой колонке глагол, который соответствует значению словосочетания слева. Назовите вид глагола.*

оказать поддержку	исправить
устранить неисправность	поддержать
допускать ошибки	сломаться
выйти из строя	работать
осуществить оплату	выполнить
поднять вопрос	ошибаться
проводить работу	спросить
привести в исполнение	оплатить

2) При использовании сравнительной и превосходной степени п р и л а г а т е л ь н ы х предпочтение отдаётся сложным формам: *бо́лее сло́жный* (вместо *сложне́е*), *бо́лее актуа́льная* (вместо *актуа́льнее*), *наибо́лее тру́дный* (вместо *трудне́йший*).

3) Необходимо знать нормы употребления ч и с л и т е л ь н ы х в языке служебных документов.

— К о л и ч е с т в е н н ы е числительные, обозначающие однозначные числа, пишутся словом (*полу́чено во́семь зака́зов*). Если есть указание меры, то числительные пишутся цифрами (*8 киломе́тров*).

— С о с т а в н ы е числительные обычно пишут словами, если они стоят в начале предложения (*Две́сти со́рок аудито́рных часо́в проведено́ дополни́тельно*). В остальных случаях числительные записываются цифрами (*Дополни́тельно проведено́ 240 аудито́рных часо́в*).

— При записи п о р я д к о в ы х числительных обычно указывают падежные окончания (*зарпла́та по 14-му разря́ду*). В финансовых документах обязательно пишут два варианта (*185 000 рубле́й – сто во́семьдесят пять ты́сяч рубле́й*).

4) В официально-деловом стиле речи часто используются **предлоги**, при этом нужно помнить о правильной падежной форме имени или местоимения. Самыми трудными являются дательный и родительный падежи.

Родительный падеж (*чего?*)	Дательный падеж (*чему?*)
ввиду́ обстоя́тельств **всле́дствие** ава́рии **в тече́ние** ме́сяца **по истече́нии** сро́ка **в продолже́ние** ска́занного **в заключе́ние** своего́ выступле́ния	**вопреки́** обстоя́тельствам **благодаря́** ока́занной по́мощи **согла́сно** прика́зу **соотве́тственно** при́нятым ме́рам **примени́тельно** к да́нным усло́виям

☛ **Задание 3.** *Напишите словосочетания в правильной форме.*

1) Занятия проводились в течение (весь год). 2) Продукты нельзя использовать по истечении (указанный срок). 3) Благодаря (хорошая погода) мы быстро закончили работу. 4) Согласно (приказ декана) я был переведён в другую группу. 5) В заключение (мой доклад) я хотел бы поблагодарить научного руководителя. 6) Вы можете бесплатно пользоваться этой компьютерной программой в течение (один месяц). 7) Благодаря (помощь друга) я быстро закончил работу. 8) Вследствие (эта авария) в доме не было электричества.

5) В деловых письмах часто используется с т р а д а т е л ь н ы й (п а с-
с и в н ы й) з а л о г, чтобы подчеркнуть нейтральность стиля документа.
Например:

На собра́нии **бы́ло вы́несено** *реше́ние (вместо собра́ние реши́ло).*
На́ми **бы́ли при́няты** *сле́дующие ме́ры (вместо мы при́няли ме́ры).*
Ма́стером **не была́ обеспе́чена** *те́хника безопа́сности (вместо*
ма́стер не обеспе́чил) и т. п.

☛ **Задание 4.** *Постройте формы пассивного залога по образцу.*

О б р а з е ц: (они) приняли решение – было принято решение.

1) В городе построили новую дорогу. 2) Они приобрели новое оборудование. 3) В среду провели контрольную работу. 4) На кафедре разработали новые методы контроля. 5) Студентам оказали материальную помощь. 6) В районе нашли новое месторождение нефти. 7) Недавно здесь открыли новое кафе. 8) В институте сделали научное открытие.

6) Особенностью официально-делового стиля является частое употребление д е е п р и ч а с т н ы х о б о р о т о в. Например:
рассмотре́в *Ва́ше заявле́ние,*
принима́я *во внима́ние сложи́вшиеся обстоя́тельства,*
учи́тывая *измене́ние сро́ков и т. п.*

Действия, обозначенные глаголом-сказуемым и деепричастием, должны относиться к одному и тому же лицу.

Сравните два предложения:

Обуча́ясь на фи́зико-математи́ческом факульте́те, **мне не удало́сь** сда́ть два зачёта.

Обуча́ясь на фи́зико-математи́ческом факульте́те, **я не смог** сдать два зачёта.

Второе предложение является правильным, потому что действия, обозначенные глаголом-сказуемым и деепричастием, относятся к первому лицу (я обуча́лся и я не сдал).

Задание 5. *Составьте предложения, сделав правильный выбор.*

1) Окончив университет,	студенты получат дипломы. студентам выдадут дипломы.
2) Решив все задачи,	преподаватель поставил мне 5. я получил пятёрку.
3) Подписав договор,	фирма приступила к работе. работа началась.

---

3. Каковы особенности **лексических норм** официально-делового стиля?

1) Язык документов требует точности, поэтому в официально-деловом стиле речи часто используются у с т о й ч и в ы е , ш а б л о н н ы е о б о р о т ы (к л и ш е) . Сравните два предложения:

*Мы про́сим **почини́ть** лифт.*

*Про́сим **устрани́ть неиспра́вность** ли́фта.*

Первое предложение характерно для разговорного стиля речи, второе — для официально-делового стиля.

Задание 6. *Найдите соответствия в левой и правой колонках и определите, выражения из какой колонки соответствуют официально-деловому стилю.*

проживать в общежитии	начать работу
приступить к работе	кончить работу
прекратить работу	найти недостатки
завершить работу	жить в общежитии
отметить недостатки	дать стипендию
приобрести литературу	остановить работу
выдать стипендию	дать отпуск
предоставить отпуск	купить книги

2) В официально-деловом стиле речи широко используются **т е р - м и н ы   и   п р о ф е с с и о н а л и з м ы**, так как служебная переписка связана с деятельностью предприятий или организаций. Все термины и профессиональные слова должны быть понятны адресату, поэтому при необходимости нужно давать их объяснение. Приведём примеры разных видов терминов:

- э к о н о м и ч е с к и е   термины: *счёт-факту́ра, статья́ бюдже́та, предоставле́ние креди́та* и т. п.;
- ю р и д и ч е с к и е   термины: *исте́ц, отве́тчик, пра́во на по́льзование недви́жимостью* и т. п.;
- т е х н и ч е с к и е   термины: *расхо́д то́плива, энергоноси́тели, блок пита́ния* и т. п.;
- н о м е н к л а т у р н ы е   термины («номенклатура» — список долж-ностей, учреждений, товаров и т. д.): *о́фис-ме́неджер, фина́нсовый дире́ктор, рекла́мный аге́нт, откры́тое акционе́рное о́бщество (ОАО), бензи́н А-95* и т. п.

Нельзя использовать в документах слова-профессионализмы, характерные для разговорной речи. Например, нужно писать *студе́нты зао́чного обуче́ния* вместо разговорного варианта *зао́чники*.

Задание 7. *Выберите вариант, соответствующий официально-деловому стилю речи.*

вечерники	студенты вечернего обучения
маршрутка	маршрутное такси
безнал	безналичный расчёт
почасовка	почасовая оплата

3) Нужно обращать внимание на использование русских слов, близких по звучанию (п а р о н и м о в), например: **предоста́вить – предста́вить**. Глагол *предоста́вить* означает «дать возможность пользоваться чем-либо». Значит, нужно писать **предоста́вить** *кварти́ру, о́тпуск, креди́т* и т. п. Значение глагола *предста́вить* — «показать, предъявить», поэтому нужно писать **предста́вить** *спра́вку, отчёт* и т. п.

4) В деловой переписке н е и с п о л ь з у ю т с я местоимения **я, он, они́**. В заявлении, например, нужно писать *Прошу́ предоста́вить мне академи́ческий о́тпуск*. При ссылке на третье лицо нужно указать его фамилию, имя и отчество: *Автором изобрете́ния явля́ется Ивано́в Ива́н Петро́вич*. Однако в объяснительных записках местоимение **я** допустимо: *15 сентября́ я опозда́л на заня́тия из-за ава́рии в метро́*.

5) В официально-деловом стиле речи используются специальные э т и к е т н ы е ф о р м ы о б р а щ е н и я и з а к л ю ч и т е л ь н ы е ф о р м у л ы п и с ь м а. При обращении ставится слово **Уважа́емый (-ые)**, за которым следует имя и отчество. При использовании фамилии адресата добавляют слово **господи́н**. После обращения ставится запятая или восклицательный знак. Например, *Уважа́емый Никола́й Константи́нович; Уважа́емый господи́н мэр!* Заключительной формулой вежливости является вариант **С уваже́нием.**

6) В официальных письмах используются э т и к е т н ы е ф о р м ы в ы р а ж е н и я б л а г о д а р н о с т и, у в е р е н н о с т и, н а д е ж д ы и т. д. Например: **С благода́рностью** *принима́ем Ва́ше предложе́ние;* **Выража́ем уве́ренность** *в дальне́йшем сотру́дничестве;* **С удово́льствием** *сообща́ем о вы́ходе Ва́шей кни́ги.*

3. Типы служебных документов

В повседневной практике мы часто составляем служебные (деловые) документы: пишем заявления и доверенности, представляем автобиографию и резюме, посылаем деловые письма. У каждого жанра есть свои особенности.

Служебные документы можно условно разделить на несколько групп.

Группа документов	Жанры
Организационные	Уставы, положения, правила, инструкции и др.
Распорядительные	Приказы, распоряжения, решения и др.
Кадровая документация	Автобиография, резюме, заявление, доверенность и др.
Информационно-справочные документы	Справка, докладная записка, акт и др.
Коммерческая и рекламная корреспонденция	Служебные (деловые) письма

В личной практике мы чаще всего встречаемся с кадровыми, информационно-справочными документами и служебной перепиской. Рассмотрим правила составления отдельных видов документов.

3.1. Заявление

Заявление — это служебный документ, который **отражает отношения отдельного человека и организации**. Заявление содержит личную информацию и посвящено конкретному вопросу.

Можно выделить несколько видов заявлений: з а я в л е н и е - п р о с ь б а (х о д а́ т а й с т в о), з а я в л е н и е - ж а л о б а, з а я в л е н и е - о б ъ я с н е н и е (о б ъ я с н и т е л ь н а я з а п и с к а).

Заявление должно включать просьбу и её объяснение (мотивировку). В начале заявления, в верхнем правом углу листа, должно быть указано, кому и от кого оно направлено (например, *Декáну ... факультéта от студéнта 1 кýрса ...*), в конце заявления ставится дата и подпись (при этом подпись должна стоять на одну строчку в ы ш е даты). Существует два варианта оформления заявления.

Первый вариант:

	Директору ООО «Ланта» Петрову И.И. Ивановой А.А., менеджера отдела продаж
заявление.	

Второй вариант:

Директору ООО «Ланта» Петрову И.И. **от** Ивановой А.А., менеджера отдела продаж**.**
<u>З</u>аявление.

В первом варианте обращение строится по формуле «*комý чьё заявлéние.*», а во втором варианте – «*комý от когó. Заявлéние.*»

Заявление обычно начинается конструкцией **Прошý** + *инфинитив*, например: *Прошý разреши́ть мне...; прошý вы́дать мне...; прошý зачи́слить меня́...; прошý перевести́ меня́...; прошý оказáть материáльную пóмощь; прошý предостáвить мне...; прошý отремонти́ровать* и т. п.

Затем идёт объяснение причины: *по болéзни; по семéйным обстоя́тельствам; в связи́ с отъéздом на рóдину; в связи с тем, что мне необходи́мо уéхать; на основáнии прикáза; так как...; ввидý тогó что мне не вы́дали ви́зу* и т. п.

Вот пример заявления сотрудника с просьбой об отпуске.

Директору ООО «Ланта»
Петрову И.И.
Ивановой А.А.,
менеджера отдела продаж

заявление.

Прошу предоставить мне отпуск за свой счёт с 11 сентября 2011 г. по 15 сентября 2011 г. по семейным обстоятельствам.

Подпись

29.04.2011

(визы согласования документа)

При необходимости заявление в и з и р у е т с я должностными лицами (в нашем примере – непосредственным руководителем сотрудника).

Задание 8. *Напишите заявления с просьбой:*

1) перевести вас из одного отдела в другой; 2) предоставить очередной отпуск; 3) оказать вам материальную помощь; 4) изменить график работы.

3.2. Объяснительная записка

Объяснительная записка – это документ, который **содержит объяснение причин какого-либо нарушения правил.** Этот документ пишется в произвольной форме.

Рассмотрим образец объяснительной записки.

Директору ООО «Ланта»
Петрову И.И.
Ивановой А.А.,
менеджера отдела
продаж

объяснительная записка.

Я, Иванова Анна Ивановна, отсутствовала на рабочем месте 14.03.11 по болезни. Справку из поликлиники прилагаю.

Подпись

20.03.2011

Задание 9. *Напишите объяснительную записку, указав, почему:*

1) вы опоздали на работу; 2) вы не явились на тестирование; 3) вы пропустили занятия с персоналом; 4) вы не сдали отчёт о работе.

3.3. Доверенность

Доверенность – это документ, который **даёт право на совершение каких-либо действий от лица доверителя (предприятия или гражданина)**.

Выделяют два типа доверенностей:

1) с л у ж е б н ы е доверенности (например, организация доверяет сотруднику пользование служебным автомобилем);

2) л и ч н ы е доверенности (один гражданин доверяет пользование личным автомобилем другому гражданину).

Личная доверенность составляется физическим лицом, она должна быть удостоверена в нотариальном порядке. Доверенность должна включать дату выдачи, подписи и отметку о заверении. Доверенность является важным юридическим документом, она не считается действительной, если содержит исправление текста, приписывание или зачёркивание слов. В доверенности используют конструкцию «*Я*, ... (данные о доверителе), *доверя́ю (поруча́ю)* ... (данные о доверенном лице) + инфинитив (*получи́ть*) ...».

В университете студенты могут доверить получение стипендии старосте группы. В таком случае они пишут доверенность:

Доверенность

Я, студентка 1 курса инженерного факультета РУДН Сергеева Светлана Сергеевна, доверяю старосте группы Петровой Анне Петровне (*паспортные данные*) получить мою стипендию за апрель 2011 года.

Подпись

01.04.2011

Подпись Сергеевой С.С. удостоверяю
Декан инженерного факультета
Пономарёв Н.К.
Дата
Печать

3.4. Автобиография

Автобиография требуется при приёме на учёбу или работу. В тексте автобиографии должны быть указаны:
— фамилия, имя, отчество;
— число, месяц, год рождения;
— место рождения;
— сведения об образовании (когда, в каких учебных заведениях учился или учится, когда закончил учёбу);
— сведения о местах работы с указанием должности, времени работы и названий учреждений (в хронологическом порядке: начиная с первого места работы и заканчивая последним);
— сведения о составе семьи (ФИО, год рождения, место работы матери и отца);
— сведения о собственной семье.

3.5. Резюме

Резюме – это набор сведений о претенденте на работу, составленный по определённым правилам. Резюме близко по стилю изложения к автобиографии, но отличается по цели написания.

Резюме должно заинтересовать работодателя. При написании резюме нужно отбирать информацию по следующим параметрам:

— использовать данные о вашей предыдущей работе и учёбе, имеющие отношение к должности, на которую вы претендуете;

— проанализировать свои достижения в этих областях и представить их в наиболее выигрышном виде;

— опустить и не включать в резюме всё то, что не имеет отношения к избранной работе.

Обычно резюме включает следующие сведения:

— полное имя, дату и место рождения, семейное положение, гражданство;

— наименование вакантной должности, на которую претендует автор резюме;

— сведения об образовании;

— подробные сведения о местах работы с указанием должности и служебных обязанностей (в обратном хронологическом порядке, т. е. начиная с последнего места работы);

— дополнительные сведения об авторе (например, владение компьютером, наличие водительских прав, знание иностранных языков);

— сведения об интересах автора, его хобби;

— ссылку на рекомендации с предыдущих мест работы;

— телефон автора резюме (домашний, рабочий или мобильный);

— домашний адрес и e-mail автора резюме.

В конце автобиографии и резюме ставится дата написания.

Резюме называют также **CV** (си-ви), или curriculum vitae (латинское название), что означает «жизнеописание, сведения из чьей-либо жизни».

3.6. Справка

Справка — это документ, который **содержит описание или подтверждение фактов или событий**. Справки по запросам отдельных лиц оформляются обычно на специальных бланках справок формата А5, на которых указаны данные организации. На бланках напечатан трафаретный текст с пробелами, в которые вносятся нужные данные. Справка должна иметь следующие реквизиты:

— наименование вида документа,
— дату,
— номер,
— текст,
— подпись,
— печать.

Д а т о й справки считается дата её подписания должностным лицом. В верхнем правом углу указывается место выдачи справки в именительном падеже, например: *Российский университе́т дру́жбы наро́дов; шко́ла № 739.* Основной текст обычно строится по следующей модели:

Дана́ *(кому?) Серге́еву С.С.* **в том, что** *он явля́ется студе́нтом 1 ку́рса инжене́рного факульте́та Росси́йского университе́та дру́жбы наро́дов.*

Ниже основного текста может быть указана цель получения справки, например:

Вы́дана *для представле́ния по ме́сту жи́тельства.*

Справка может содержать сведения **о сроке годности**, например: *Спра́вка* **действи́тельна** *в тече́ние 15 дней со дня вы́дачи.*

3.7. Другие виды документов

Существуют другие виды документов, с которыми вы можете встретиться во время учёбы или работы. Назовём некоторые из них:

1) **расписка** – это официальный документ, который пишет человек, получающий деньги, документы, ценные вещи и т. д.;

2) **служебная записка** – документ, адресованный руководству для решения производственных проблем (например, если необходимо приобрести учебную литературу для кафедры);

3) **докладная записка** – это документ, который информирует руководство о чём-либо (например, преподаватель информирует декана об отсутствии студентов на занятиях).

4) **деловые письма**, например, **сопроводительное письмо**, которое прилагается к основному документу и содержит объяснения по работе с ним.

Текст делового письма должен быть коротким (не более одной страницы). В первой части письма следует указать причины его написания, во второй — его цель (просьба, отказ, приглашение и т. д.).

В заключение отметим, что писать деловые документы нужно внимательно и без ошибок. Отсутствие нужных реквизитов или неправильное их оформление может привести к тому, что документы не будут иметь юридического значения.

Тема 11

РАЗГОВОРНЫЙ СТИЛЬ РЕЧИ

1. Общая характеристика разговорного стиля речи

Разговорный стиль речи — это устная разновидность литературного языка, используемая для непринуждённого общения — обмена мыслями, чувствами, впечатлениями, иногда просто для поддержания контакта между людьми.

Основные свойства разговорной речи — с п о н т а н н о с т ь (неподготовленность), н е п р и н у ж д ё н н о с т ь общения, с и т у а т и в н о с т ь (зависимость от ситуации общения), э к с п р е с с и в н о с т ь, а также активное использование м и м и к и и ж е с т о в.

Разговорный стиль речи имеет свои особенности — фонетические, лексические, морфологические и синтаксические.

1.1. Фонетические особенности разговорной речи

Разговорная речь — это у с т н а я разновидность языка, поэтому в ней важнейшую роль играет и н т о н а ц и я. Интонация помогает передать самые разные чувства — удивление и недоверие, восторг и досаду, радость и раздражение, насмешку и уважение и т. п.

Кроме богатства интонации к особенностям разговорной речи следует отнести у с е ч е н и е отдельных звуков или сочетаний звуков:

Марь Ива́нна (вместо *Мари́я Ива́новна*);

Сан Са́ныч (вместо *Алекса́ндр Алекса́ндрович*);

Здра́сьте! (вместо *здра́вствуйте*).

1.2. Лексические особенности разговорной речи

1. В разговорной речи частотна о б и х о д н о - б ы т о в а я лексика: *ча́шка, стака́н, расчёска, тря́пка* и т. п.

2. В разговорной речи м н о г о местоимений, глаголов, наречий, частиц, междометий и сравнительно м а л о прилагательных.

3. В разговорной речи широко используется с т и л и с т и ч е с к и и э м о ц и о - н а л ь н о о к р а ш е н н а я лексика (фамильярная, ласкательная, неодобрительная, ироническая, саркастическая): *зануда, худющий, глупышка* и т. п.

4. В разговорной речи широко используются «в с е з н а ч а щ и е» слова: *штука, музыка, вещь, история, дело, простой, пустой, прямой, нормальный* и т. д. Что значит «всезначащие»? Поясним это на примере. В литературном языке антонимом слова **простой** являются слова *сложный* или *трудный*. В разговорной же речи у «всезначащего» слова *простой* гораздо больше антонимов:

простой – антоним
- *цветной* (о карандаше)
- *шёлковый* (о чулках)
- *в клеточку* (о бумаге)
- *праздничный* (об ужине)
- *выходной* (о костюме)
- *горный* (о лыжах)
- *с газом* (о воде)

Аналогично словами **штука** или **вещь** мы называем предметы, названия которых не знаем или забыли:

Мне нужно купить такую **штуку (вещь)** *для компьютера, чтобы фотографии можно было скачивать.*

5. Для разговорного стиля характерна з а м е н а с л о в о с о ч е т а н и й одним словом (*зачётная книжка – зачётка; пассажир без билета – безбилетник* и т. д.) и у с е ч е н и е длинных слов (*универ, препод* и т. д.).

6. Разговорный стиль богат ф р а з е о л о г и з м а м и, что придаёт ему особую экспрессию и образность: *тянуть за уши, задрать нос, показать где раки зимуют* и т. д.

1.3. Морфологические особенности разговорной речи

1. Для разговорной речи характерно широкое использование ч а с т и ц , м е ж д о м е т и й (**Ну** да! Чего́ **уж** тут говори́ть!) и **обращений**, в том числе с особыми звательными формами и повторами (**Тань**, а **Тань! Мам, пап!**).

2. Особенностью разговорной речи является также и то, что в ней междометия могут заменять соответствующие глаголы:

> Он его́ **бац**! (= Он его́ **уда́рил**.)
> Он идёт, идёт и **бум**! (= Он идёт, идёт и **па́дает**!)

3. Для разговорной речи характерно широкое использование суффиксов: худю́щий, очка́стый, крикли́вый, толсте́нный.

1.4. Синтаксические особенности разговорной речи

1. Для разговорной речи характерно использование к о р о т к и х п р е д -
л о ж е н и й (Ясно. Ла́дно. Коне́чно! Ещё бы! Ну да! Да нет...) и э л л и п т и ч -
н о с т ь , т. е. использование неполных предложений, в которых некоторые члены пропущены. Зная ситуацию общения, мы легко можем их восстано-вить. Например:

> – Что вы **бу́дете**?
> – Я **бу́ду** то́лько чай.

(В этом диалоге мы легко восстанавливаем полную форму Что вы бу́дете пить?)

2. В разговорной речи часто используется особая к о м б и н а ц и я д в у х
г л а г о л о в , которая обозначает единый предикат:

> Он в окно́ **стои́т смо́трит**.
> **Пойду́ позвоню́** Мари́не.
> Я **лежу́ чита́ю**, и вдруг звоно́к.
> **Иди́ купи́** аспири́н!

3. В разговорной речи широко используются л е к с и ч е с к и е п о в т о р ы ,
выражающие радость, удивление, раздражение и т. п. (Я **слу́шал-слу́шал**, но так и не по́нял ничего́; Мы **ду́мали-ду́мали** и приду́мали), а также повторы с е м а н т и ч е с к и е (**Наш сосе́д, он** ка́ждый год в Крым е́здит).

4. Одной из интересных особенностей разговорной речи является высокая частотность использования конструкции **у кого́**, причём для выражения самых разных смыслов:

> **У неё** муж там рабо́тает. (= **Её** муж там рабо́тает.)
> **У меня́ у сестры́** тако́й же плащ. (= **У мое́й сестры́** тако́й же плащ.)
> **У тебя́** всегда́ все дураки́. (= **Ты счита́ешь** всех дурака́ми.)
> **У нас** тут но́вый нача́льник. (= **К нам** пришёл но́вый нача́льник.)

ОБРАТИТЕ ВНИМАНИЕ!

Замена притяжательного местоимения (*мой, твой, наш* и т. п.) конструкцией **у кого́** (*у меня́, у тебя́, у нас* и т. п.) — стандарт разговорной речи:
> **Мой** друг рабо́тает в ци́рке. = **У меня́** друг рабо́тает в ци́рке.

Зада́ние 1. *Измените фразы по модели.*

О б р а з е ц : **Мой** друг работает в этом университете. – **У меня** друг работает в этом университете.

У моего брата такая же машина. – **У меня у** брата такая же машина.

1) **Его** бабушка говорила по-итальянски. 2) **Её** родители очень строгие. 3) **Моя** собака не любит этот корм. 4) **Их** дача в Тверской области. 5) У **моей** сестры двое детей. 6) К **моему** соседу всё время приезжают родственники. 7) От **мо-его** дома до работы – 40 минут на автобусе. 8) С **его** другом случилась такая же история.

5. В разговорной речи активно используются в в о д н ы е   с л о в а   и   с л о -в о с о ч е т а н и я .

Основные значения вводных слов и словосочетаний

№	Значение	Вводные слова и словосочетания
1	Уверенность	*коне́чно, поня́тно, разуме́ется, безусло́вно, без сомне́ния, есте́ственно, само́ собо́й, я́сное де́ло* и др.

2	Предположение, неуверенность, сомнение	*вероя́тно, возмо́жно, мо́жет быть, по-ви́димому, ви́димо, ви́дно, наве́рное (наве́рно), должно́ быть, пожа́луй, ка́жется и др.*
3	Указание на источник высказывания	*по-мо́ему, по-тво́ему, по слова́м (кого?), по мне́нию (кого?), по слу́хам, по сообще́нию (кого? чего? откуда?), говоря́т, как говори́тся, как изве́стно, как расска́зывают и др.*
4	Чувства, вызываемые у говорящего его высказыванием	*к сча́стью, к несча́стью, к сожале́нию, к удивле́нию, к у́жасу и др.*
5	Связь мыслей	*во-пе́рвых, во-вторы́х, пре́жде всего́, наконе́ц, в конце́ концо́в, ита́к, таки́м о́бразом, бо́лее того́, сле́довательно, зна́чит, ме́жду про́чим, в свою́ о́чередь, с одно́й стороны́, с друго́й стороны́, гла́вное и др.*
6	Способ оформления мысли	*так сказа́ть, вообще́ говоря́, одни́м сло́вом, коро́че говоря́, на́до сказа́ть, ины́ми слова́ми и др.*
7	Обращение к собеседнику с целью привлечь его внимание к сообщаемому	*представля́ешь, представля́ете, ви́дишь (ли), ви́дите (ли), понима́ешь (ли), понима́ете (ли), пойми́, пойми́те, по́мнишь (ли), по́мните (ли), послу́шайте, согласи́тесь, позво́льте, извини́те, прости́те, пожа́луйста и др.*

ЗАПОМНИТЕ!

В тексте вводные конструкции выделяются запятыми.

Задание 2. *Найдите в предложениях вводные слова. Скажите, в каком значении они употреблены и подберите к ним синонимы.*

1) Вообще говоря, я с самого начала считал, что он врёт.
2) Надо сказать, что этот студент посещал занятия плохо.
3) Естественно, все хотят получить зачёт-автомат.
4) Более того, он считает себя гением.

5) Конечно, ты можешь сам решить. Но, по-моему, стоит посоветоваться с родителями.

6) Представляешь, вчера мне позвонила Ирина! Само собой, я решила сразу сказать тебе об этом!

7) Как говорится, дело мастера боится.

8) Этот актёр, по слухам, сейчас разводится.

9) Такой ливень был! Ужас! У меня, к счастью, был с собой зонт!

10) Во-первых, ты сам понимаешь, что ты неправ.

11) Он, понимаешь, забыл о деньгах!

12) Сдав экзамены, мы, ясное дело, решили это отметить.

13) Я, возможно, опоздаю – подожди меня, ладно?

Задание 3. *Измените фразы, добавив вводные слова, выражающие:*

а) уверенность/сомнение говорящего в истинности высказывания;
б) ссылку на источник информации;
в) чувства говорящего, вызываемые высказыванием;
г) связь мыслей;
д) способ выражения мысли.

О б р а з е ц : Когда он приехал в Москву, он позвонил Марине. –

а) Когда он приехал в Москву, он, **само собой**, позвонил Марине.
Когда он приехал в Москву, он, **по-видимому**, позвонил Марине.

б) Когда он приехал в Москву, он, **как мне сказали**, позвонил Марине.

в) Когда он приехал в Москву, он, **к моему удивлению**, позвонил Марине.

г) Когда он приехал в Москву, он, **между прочим**, позвонил Марине.

д) Когда он приехал в Москву, он, **надо сказать**, позвонил Марине.

1) Мой друг купил эту машину. 2) Летом они ездили на юг. 3) Она знает несколько человек из этой фирмы. 4) Я не могу забыть эту встречу. 5) Виктор написал диссертацию за два года. 6) Мы получим от него ответ на следующей неделе.

6. Ещё одна важная особенность разговорной речи — нарушение стандартного порядка слов.

Самую важную информацию говорящий обычно ставит в начало предложения (поэтому вопросительное слово может оказаться и в конце: говорящий строил свою речь спонтанно — от главного к менее важному — и только в конце фразы вспомнил о вопросительном слове):

Игоря ма́ма звони́ла.

Ты но́жницами разре́жь.

А ю́бка си́няя где?

Ша́пка не ви́дел **где** моя́?

Таре́лки доста́нь с по́лки **жёлтые**.

Такая особенность разговорной речи часто проявляется в поговорках, например: *Волко́в боя́ться – в лес не ходи́ть.*

☛ **Задание 4.** *Прочитайте фразы из разговорной речи и измените в них порядок слов на стандартный.*

Образец: Брата своего люблю ужасно. – Я ужасно люблю своего брата.

1) Марина теперь живёт где?
2) Компьютер мой новый ты видел?
3) Наташи бабушка борщ очень вкусный готовит!
4) А по грамматике контрольная когда будет?
5) Сестры муж машину новую купил.
6) Полотенце дай мне чистое.
7) Декан знаешь что сказал?
8) Девушку эту я хорошо знаю.
9) Словарь мой не знаешь где?

Для разговорной монологической речи характерна постановка предиката во фразе в начальную позицию (особенно в начале повествования), при этом допускается (и даже приветствуется!) смешение глагольных времён:

Пришёл он ко мне и **говори́т**…

Купи́ли мы э́тот холоди́льник и вдруг **ви́дим**…

Иду́ я вчера́ по у́лице и **ви́жу**…

Задание 5. *Измените фразы по модели так, чтобы они представляли собой начало повествования. Определите, какая из полученных фраз звучит, по вашему мнению, наиболее естественно в роли начала в устном рассказе и почему.*

О б р а з е ц : а) Я поехал к морю. –

Как-то я поехал к морю.

Поехал я **как-то** к морю.

б) Девочка подошла к маме и задала интересный вопрос. –

Одна девочка подошла к маме и задала интересный вопрос.

Подошла одна девочка к маме и задала интересный вопрос.

Подходит как-то одна девочка к маме и **задаёт** интересный вопрос.

1) Я поехал на работу и забыл дома кошелёк.

2) Мужчина купил новый сорт пива.

3) Борис подумал, что ему нужна машина.

4) Мы узнали, что случилось, и позвонили Ирине.

5) Мама приготовила суп и пошла смотреть телевизор.

6) Женщина пришла домой и увидела, что мужа нет.

2. Речевой этикет

Речевой этикет — это принятая в обществе система правил речевого поведения и устойчивых стандартных формул, используемых в стандартных речевых ситуациях.

2.1. Обращение на улице

Прости́те, как про́ехать в центр?

Извини́те, где ближа́йшая апте́ка?

Бу́дьте добры́, подскажи́те, где остано́вка авто́буса?

Скажи́те, *пожа́луйста*, где мо́жно купи́ть телефо́нную ка́рту?

2.2. Обращение в ресторане, магазине

Молодо́й челове́к! Де́вушка! (к официанту, к продавцу)

2.3. Обращение взрослых к детям

Сынóк! Дóчка! Мáльчик! Дéвочка! Ребя́та!

2.4. Обращение детей к взрослым

Тётя! Тётя Аня! Дя́дя! Дя́дя Серёжа!

Задание 6. *Назовите ситуации общения, в которых используются данные формы обращения.*

Товарищ, гражданин, гражданка, господин, госпожа, господа, дамы, сударь, сударыня, друзья, коллеги, юноша, молодой человек, девушка, мальчик, девочка, сынок, доченька, дядя, тётя, барышня.

ЗАПОМНИТЕ!

Обращения **жéнщина** и **мужчи́на** являются некультурными. Вместо них, если вы обращаетесь к молодым людям, надо использовать слова **дéвушка** или **молодóй человéк**, а при обращении к немолодым людям лучше обращаться со словами **прости́те, пожáлуйста** или **извини́те, пожáлуйста**.

ОБРАТИТЕ ВНИМАНИЕ!

Слово **пожáлуйста** обычно стоит после императива.

Задание 7. *Обратитесь к незнакомому человеку.*

1) К ребёнку с вопросом, как его зовут.
2) К официанту (официантке) с просьбой принести счёт.
3) К милиционеру с вопросом, как проехать в центр.
4) К женщине, забывшей на прилавке кошелёк.
5) К группе студентов с просьбой показать, где находится деканат.

2.5. Обращение в письме

Дорого́й Алекса́ндр Петро́вич! (к хорошо знакомому уважаемому адресату)

Дорога́я Та́ня! (к близкому человеку)

Уважа́емый Андре́й Ива́нович! (к знакомому уважаемому адресату)

Уважа́емый (глубокоуважа́емый) господи́н Петро́в! (официальное обращение)

Задание 8. *Начните письмо с обращения:*

1) к жене (мужу); 2) к детям; 3) к другу (подруге); 4) к преподавателю, которого вы хорошо знаете; 5) к малознакомому преподавателю; 6) к ректору университета; 7) к незнакомому редактору газеты; 8) к незнакомому учёному другой страны.

2.6. Начало разговора

Задание 9

а) *Прочитайте выражения и найдите для них подходящие ответы среди предложенных реплик.*

Приветствие	
Привет! Здравствуйте! Добрый день! Добрый вечер!	
О делах	О семье
Как дела? Как жизнь? Что новенького (нового)? Как поживаешь?	Как жена? Как муж? Как дети? Как здоровье родителей?
О здоровье	О настроении
Как чувствуешь себя? Как здоровье? Как самочувствие?	Как настроение? Что-то ты невесёлый (-ая). Что такой невесёлый (-ая)?

О погоде	О внешности
Сегодня теплее, чем вчера. Ну и погодка! Вот это гроза!	Ты прекрасно выглядишь! Что-то ты неважно выглядишь! Тебе очень идёт этот костюм (это платье).

Реплики-ответы: Так себе; Нормально; Спасибо за комплимент; Лучше не спрашивай; Не жалуюсь; Как тебе сказать? Да, ужасная погода! Не знаю, что и сказать; Всё по-старому; Ничего нового; Неважно; Ну что вы! Вы мне льстите! Да нет, у меня всё нормально; Да, наконец пришло лето.

б) Какие из приведённых в таблице выражений характерны для начала разговора при общении:
   а) между женщинами-подругами;
   б) между мужчинами-приятелями;
   в) между мужчиной и женщиной;
   г) между коллегами и однокурсниками?

2.7. Просьба

Задание 10. *Прочитайте стандартные выражения просьбы, найдите среди них официальные, фамильярные и нейтральные. Выберите подходящие ответы среди предложенных реплик.*

1) **Бу́дьте добры́**, передайте деньги водителю.
2) **Вы не помо́жете** мне донести эту сумку?
3) **Разреши́те** пройти.
4) **Сади́тесь**, пожалуйста.
5) **Прошу́** тишины!
6) **Про́сьба** не опаздывать!
7) **Помоги́те мне**, пожалуйста, перевести текст.
8) **Будь дру́гом**, дай 500 рублей до завтра!
9) **Позвони́** Марине сам.
10) **Сде́лай одолже́ние**, сбегай за хлебом!
11) **Не в слу́жбу**, **а в дру́жбу**! Дай мне списать упражнение.
12) **Прекрати́те** разговаривать!
13) **Я хочу́ попроси́ть тебя́ об одолже́нии.**

14) **Мо́жно попроси́ть** вас позвонить попозже?

15) **Могу́ я** послать вам этот документ по электронной почте?

16) **Не забу́дь** принести тетрадь.

17) **Мо́жно** я заплачу за такси?

Р е п л и к и - о т в е т ы : Да, пожалуйста; Пожалуйста; Спасибо; С удовольствием; К сожалению, не могу вам помочь; Ни за что; Не сомневайся; Так и быть; Ну ладно, что поделаешь! Да, конечно; Конечно-конечно! Извините, пожалуйста; Да-да, пожалуйста.

2.8. Благодарность

Задание 11. Прочитайте стандартные выражения благодарности. Най-дите для них подходящие ответы среди предложенных реплик.

1) **Спаси́бо вам** за всё!

2) **Благодарю́ вас** за помощь!

3) Доктор, **я так благода́рен вам** за то, что вы меня вылечили.

4) **Прими́те мою́ и́скреннюю благода́рность** за всё, что вы для меня сделали!

5) **Я тро́нут** вашими словами!

6) Вы не представляете, **как я вам благода́рен**!

7) Если бы вы знали, **как я вам благода́рен**!

8) **Спаси́бо**, всё было очень вкусно!

9) **Большо́е спаси́бо** за подарок!

Р е п л и к и - о т в е т ы : Пожалуйста! Не стоит! Не за что! Вы их заслужили. На здоровье! Не стоит благодарности! Ну что вы, какие пустяки! Оставьте! Да это ерунда! Был рад помочь. Рад, что вам понравилось.

2.9. Извинение

Задание 12. Прочитайте примеры стандартных реплик-извинений и найди-те для них подходящие ответы среди предложенных реплик.

1) **Прости́те**, я вам не помешал?

2) **Извини́**, что я тебя беспокою так поздно.

3) **Приношу́ свои́ извине́ния** за задержку материалов, но у меня сломался компьютер.

4) **Не серди́сь на меня́** за эти слова! Я не хотел тебя обидеть!

5) Я хочу **попроси́ть у вас проще́ния** за эти слова.

6) **Прошу́ проще́ния**, что я вас перебил, но у меня очень срочный вопрос.

7) **Извини́те**, что беспокою вас дома, но всё нужно решить сегодня.

8) **Мне неудо́бно**, что я причиняю вам столько хлопот! Я чувствую себя виноватым!

Ре́плики-отве́ты: Ничего! Ничего-ничего! Не стоит извиняться! (Какие) пустяки! Это мелочи! Ну что вы! Ничего страшного! Оставьте! Бросьте! Забудь!

Задание 13. *Извинитесь:*

1) перед другом за то, что вы не вернули ему книгу в срок;

2) перед девушкой за опоздание на свидание;

3) перед преподавателем за опоздание на занятия;

4) перед мамой за позднее возвращение домой.

Задание 14. *Ответьте на извинения.*

1) – Простите, я вас, кажется, толкнул.
   – ...

2) – Извините меня за то, что я так долго не возвращала вам книгу.
   – ...

3) – Прошу прощения за то, что побеспокоил вас своим приходом.
   – ...

4) – Я должен извиниться за опоздание на заседание кафедры, но меня задержали в ректорате.
   – ...

5) – Позвольте мне ещё раз принести свои извинения за то, что я не смог быть на собрании. Я очень сожалею об этом.
   – ...

6) – Мне жаль, что мы с тобой поссорились, и если я в чём-то виноват, прости.
   – ...

7) – Не сердись, что я отказываюсь от приглашения, я, право же, не могу.
   – ...
8) – Если можете, то не сердитесь на меня за эту маленькую шутку.
   – ...
9) – Машенька, прости, я больше не буду так делать.
   – ...

2.10. Прощание

Задание 15. *Прочитайте стандартные этикетные формы, употребляющиеся при прощании. В каких ситуациях они могут быть использованы?*

1) **До свида́ния**! Не забывай, звони!
2) **Всего́ до́брого**! Заходите к нам ещё!
3) **До ско́рой встре́чи**! Не болейте!
4) **Счастли́вого пути́**! Позвоните, как доедете!
5) **Ни пу́ха ни пера́**!
6) **До понеде́льника**!
7) **В до́брый час**! Передайте привет Татьяне!
8) **Проща́йте**!

Задание 16. *Попрощайтесь:*

1) с соседями, которые уезжают отдыхать; 2) со знакомыми, у которых вы были в гостях; 3) со знакомыми, которые были у вас в гостях; 4) с другом, который пришёл навестить вас, так как вы больны; 5) с приятелем (подругой), который (-ая) идёт на экзамен; 6) со своим близким другом, который переезжает жить в другой город; 7) с профессором, у которого вы были в гостях; 8) с приятелями, с которыми вы договорились встретиться вечером, чтобы пойти в театр.

2.11. Сочувствие, утешение, соболезнование

Задание 17. *Прочитайте предложения с этикетными формами утешения, сочувствия, соболезнования. В каких ситуациях они могут быть использованы?*

1) **Я тебе́ о́чень сочу́вствую**. Но **возьми́ себя́ в ру́ки**, **всё обойдётся**, вот увидишь!

2) Саша, **вы́брось всё из головы́, всё быва́ет! Не принима́й бли́зко к се́рдцу!**

3) То, что случилось, – это, конечно, плохо. Но **ничего́ не поде́лаешь!** Следующий раз тебе повезёт!

4) **Мне так вас жа́лко! Я так вас понима́ю!** У меня была похожая история!

5) **Не волну́йся (не огорча́йся, не беспоко́йся)**, всё снова будет хорошо!

6) **Бе́дный**, я представляю, как тебе было обидно!

7) **Прими́те мои́ и́скренние соболе́знования**.

🔑 ***Задание 18.*** *Ответьте на жалобы утешением, сочувствием, соболезнованием.*

1) – Я неважно себя чувствую. Наверное, я заболел.
   – ...

2) – Машенька, я так устала сегодня! Так устала! И настроение плохое.
   – ...

3) – Прости, Лена, я очень расстроен сегодня. Получил неприятное письмо.
   – ...

4) – Ой, Оля! Мне так не везёт! Я потеряла библиотечную книгу.
   – ...

🔑 ***Задание 19.*** *Ответьте на жалобы сочувствием.*

1) – Я очень расстроена: я так плохо сдала экзамены.
   – ...

2) – Я очень плохо себя чувствую. Как у меня болит голова!
   – ...

3) – Завтра мы должны давать концерт, а ещё всё так плохо подготовлено. Я в отчаянии!
   – ...

🔑 ***Задание 20.*** *Ответьте на жалобы утешением с советами.*

1) – Я вижу, что Оля на меня за что-то обижена. Она со мной не разговаривает. Что мне делать?
   – ...

2) – Ты знаешь, я поссорилась с Петей! Настроение ужасное! Он не звонит уже три дня. Я сама виновата, я знаю. И мне, и ему сейчас очень плохо. Но что делать – не знаю.
   – ...

3) – Я не смогу сделать эту работу. Времени осталось мало, у меня других дел много. А тут ещё этот доклад. Когда мне к нему готовиться?
   – ...

Задание 21. *Ответьте на жалобы утешением с уверением, что всё исправится.*

1) – Ничего не получается у меня с чертежом. Черчу, черчу – ничего не получается. Я в отчаянии!
   – ...

2) – Врачи говорят, что у меня переутомление. И это сейчас, когда впереди сессия! Почему мне так не везёт?
   – ...

3) – Я так хотела, чтобы Женя был мне другом, а он даже не поздравил меня с праздником!
   – ...

Теперь, когда вы знаете основные способы выражения просьбы, благодарности, извинения, сочувствия, утешения и реакции на них, прочитайте мини-монологи и попробуйте найти подходящую для каждой ситуации реакцию.

Задание 22. *Прочитайте примеры **реплик-сообщений**. Определите, какую реакцию предполагает каждая из реплик.*

1) Я сейчас, кажется, тебя огорчу. Наша поездка за город не состоится. У моих родственников проблемы, и мне нужно им помочь.

2) Ты удивишься, наверное. Знаешь, кто приехал? Мой брат!

3) Эй, не беспокойся! Всё нормально! Видишь, ничего со мной не случилось, я бодр и весел.

4) Хочешь, я тебя обрадую? Мы купили билеты в Большой театр! На «Жизель»!

5) Расскажу тебе один интересный случай. Кстати, может быть, он тебе поможет разобраться в своих чувствах и мыслях.

Задание 23. *Прочитайте примеры реплик-объяснений. Определите, какую реакцию предполагает каждая из реплик.*

1) Нет, ты пойми меня правильно! Я ведь не нарочно опоздал. Просто у меня сломалась машина и я потратил уйму времени, чтобы найти ближайшую техстанцию!

2) Я сейчас тебе объясню, в чём разница между этими платьями. Это на тебе хорошо сидит, а это – плохо. То есть, посмотри, вот здесь плохо сидит, и вообще этот цвет не идёт тебе! А это – просто сказка!

Задание 24. *Прочитайте примеры реплик-одобрений. Определите, какую реакцию предполагает каждая из реплик.*

1) Ой, как мне нравится! Где ты купила? Цвет – потрясающий! А фасон – ну, просто мечта! Я тоже такое хочу!

2) Ну, молодец! Поздравляю. Заслуживаешь отдых.

3) Слушай, ты это очень здорово придумал. Я маме скажу, что я полностью с тобой согласен.

Задание 25. *Прочитайте примеры реплик-осуждений. Определите, какую реакцию предполагает каждая из реплик.*

1) Знаешь что, ты совершенно не прав. И после того, что ты сделал, с тобой вообще никто разговаривать не будет!

2) Ну и не стыдно тебе? А я-то думал, что ты надёжный друг.

3) Нет, я не буду заниматься всякой чепухой! У меня нет на это времени. А ты, если хочешь, занимайся. Только потом, пожалуйста, не говори, что я во всём виноват! Ты меня понял?

3. Этикет телефонного разговора

Этикет телефонного разговора – это часть речевого этикета, которая имеет свою специфику и специальные речевые формулы.

3.1. Официальный разговор с незнакомым человеком

1) — Алло! Добрый день! **Могу́ я поговори́ть с** Иваном Петровичем?
   — Добрый день! **Я вас слу́шаю**.
   — Извините, вы меня не знаете. Меня зовут Свиридов Николай. Мне дали ваш телефон на кафедре и сказали, что я могу позвонить. Я звоню **по по́воду** экзамена.

2) — Алло! Добрый день! **Могу́ я поговори́ть с** господином Денисовым?
   — Добрый день! **Я у телефо́на**.
   — Меня зовут Свиридов Николай, я хотел бы поговорить **по по́воду** работы.

3.2. Официальный разговор через секретаря

— Алло! Добрый день! **Могу́ я поговори́ть с** господином Денисовым?
— Добрый день! Простите, **как вас предста́вить**?
— Моя фамилия Петров, Александр Сергеевич. Я из компании (я представляю компанию) «Акадо». **Я хоте́л бы поговори́ть с** господином Денисовым **по по́воду** возможного сотрудничества.
— Минутку, **соединя́ю**.

ОБРАТИТЕ ВНИМАНИЕ!

Если вы звоните незнакомому или малознакомому человеку, вы должны сразу назвать себя, сказать, кто дал вам номер телефона, и объяснить, по какому поводу вы звоните.

3.3. Официальный разговор со знакомым человеком

1) — Алло! Добрый день! **Могу́ я поговори́ть с** Иваном Петровичем?
   — Добрый день! **Я вас слу́шаю**.
   — Иван Петрович, это Андрей.
   — А, здравствуйте, Андрей. **Рад вас слы́шать**.

2) – Алло! Добрый день! Ольга Николаевна?

– Да, это я. Это вы, Тамара?

– Да, я. **Извини́те, что звоню́ вам домо́й** (**Извини́те, что беспоко́ю вас до́ма; Извини́те за беспоко́йство**), но у меня очень срочный вопрос.

3.4. Неофициальный разговор

1) – Алло! Привет, Андрей! Это Игорь.

– А, привет, Игорь! **Рад тебя́ слы́шать!**

2) – Алло! Привет! Ты меня не узнаёшь?

– **Извини́те, а с кем я говорю́?**

– Это Игорь.

– О, привет, Игорь! **Ско́лько лет, ско́лько зим! Я тебя́ не узна́л – бога́тым бу́дешь!**

3) – Алло! Добрый вечер! **А Мари́на до́ма?** (**Мо́жно Мари́ну? Мо́жно попроси́ть Мари́ну? Бу́дьте добры́ Мари́ну!**)

– Да, пожалуйста. Марина, э́то тебя́!

ОБРАТИТЕ ВНИМАНИЕ!

1. Если звонящий не назвал себя и мы хотим узнать, с кем мы говорим, мы спрашиваем: *Извини́те (прости́те), с кем я говорю́?* Спрашивать *А кто э́то?* – некультурно!

2. В разговоре с другом, если мы сразу не узнали его по телефону, мы используем традиционную шуточную поговорку: *Я тебя́ не узна́л – бога́тым бу́дешь!*

3.5. Телефонный разговор при плохой слышимости и непонимании

1) – Алло! Привет, Таня! Это Маша говорит.

– Алло! Алло! **Ничего́ не слы́шно** (**Вас не слы́шно**), **перезвони́те, пожа́луйста!**

2) — Алло! Добрый вечер, Андрей Николаевич! Это Михаил.

— Алло! Михаил, **вы не могли́ бы перезвони́ть**? **Вас почти́ не слы́шно**.

— Конечно, я сейчас перезвоню.

3) — Алло! Добрый день! Это ресторан «Пушкин»? Можно заказать стол на сегодня на вечер на 8 часов?

— Да, пожалуйста. Сколько вас будет (на сколько человек)?

— Нас трое.

— Ваша фамилия?

— Найландер.

— Простите, **не могли́ бы вы сказа́ть по бу́квам**?

— Николай, Анна, и краткое, Леонид, Анна, Николай, Дмитрий, Елена, Роман.

— Найландер?

— Да, правильно.

— Заказ принят. Ждём вас сегодня в восемь.

ОБРАТИТЕ ВНИМАНИЕ!

1. Когда по телефону плохо слышно, мы говорим: *Ничего́ не слы́шно (вас пло́хо слы́шно, вас почти́ не слы́шно, я вас не слы́шу); перезвони́те, пожа́луйста!* Помните о различии глаголов *слу́шать* и *слы́шать*: предложения *Я вас не слы́шу* и *Я вас не слу́шаю* имеют абсолютно разное значение!

2. Если нам нужно продиктовать трудную фамилию или термин, мы диктуем слово по буквам, при этом вместо каждой буквы называем имя, которое начинается с этой буквы. Если в фамилии есть буква *й*, мы называем её «и краткое» (потому что в русском языке нет имён, которые начинаются с буквы *й*).

3.6. Реплики при неправильном наборе номера

— Алло! Ирина, это ты?

— Нет, **вы ошибли́сь (вы не туда́ попа́ли, вы оши́блись но́мером)**.

— Извините.

3.7. Реплики в ситуации, когда человека нет на месте

1) — Алло! **Мо́жно** Татьяну Петровну? (**Могу́ я поговори́ть с** Татьяной Петровной? **Мо́жно попроси́ть** Татьяну Петровну? Татьяну Петровну **бу́дьте добры́!**)
   — **Её нет.** (**Её сего́дня не бу́дет. Она́ вы́шла. Она́ бу́дет по́зже.**) **Что ей переда́ть?**
   — Ничего, спасибо. (**Переда́йте**, пожалуйста, что звонил Алексей. **Попроси́те её перезвони́ть** Алексею.)
   — Хорошо, **я переда́м.**

2) — Алло! Добрый день! **Мо́жно** Ивана Андреевича?
   — **Его́ нет**, он уже **ушёл.** Он будет завтра. Может быть, **что́-нибудь ему́ переда́ть?**
   — Спасибо, не надо. Я перезвоню ему домой.

ОБРАТИТЕ ВНИМАНИЕ!

Если о человеке, которого нет на месте, говорят ***Он вы́шел (Она́ вы́шла)*** — это значит, что человек вернётся через несколько минут. Если о человеке, которого нет на месте, говорят ***Он ушёл (Она́ ушла́)*** — это значит, что человек сегодня уже не вернётся или вернётся не скоро и лучше позвонить на следующий день.

3.8. Завершение телефонного разговора

1. Официальный телефонный разговор:

   1) — Всего́ до́брого! До свида́ния!

   2) — Ещё раз извини́те за беспоко́йство. До свида́ния.

2. Неофициальный телефонный разговор:

   1) — Ну, всё, пока́. До встре́чи!

   2) — Дава́й я перезвоню́ за́втра, ла́дно?
      — Договори́лись! Пока́! Жду звонка́!

   3) — Ну, ла́дно, всего́ тебе́ хоро́шего.

   4) — Ну, дава́й. Пока́!
      — Пока́!

Задание 26. *Найдите в диалогах речевые этикетные формы. Определите вид диалога (официальный или неофициальный).*

1) – Алло! Таня?
   – Нет, вы ошиблись, это Марина, её сестра.
   – Извините, а Таня дома?
   – Да, сейчас я её позову.

2) – Алло! Добрый день! Это квартира Петровых?
   – Да, а кто вам нужен?
   – Будьте добры Александра Ивановича.
   – Одну минутку.
   – Да, я слушаю.
   – Здравствуйте, Александр Иванович. Это Петя. Я звоню по поводу конференции.

3) – Алло! Добрый вечер! А Андрей дома?
   – Его нет дома. Что ему передать?
   – Спасибо, ничего. А когда он будет?
   – Поздно, часов в 11.
   – Это удобно, если я перезвоню после одиннадцати?
   – Пожалуйста, звоните.

4) – Алло! Добрый вечер! Могу я поговорить с Сергеем Павловичем?
   – Он будет поздно. Простите, а кто его спрашивает?
   – Это его аспирант Андрей Сидоров. До которого часа можно звонить?
   – До одиннадцати.

5) – Алло! Здравствуйте! Можно Ольгу Петровну?
   – Она вышла. Может быть, что-нибудь передать?
   – Передайте ей, что звонили из издательства РУДН. Пусть она перезвонит нам, как только вернётся.

6) – Алло! Привет, Олег! Ты меня узнал?
   – Конечно! Я сразу тебя узнал! Рад тебя слышать!

7) – Алло! Женя, это ты?
   – Нет, вы не туда попали.
   – Извините, это номер 385-73-12?
   – Нет, вы неправильно набрали номер (вас неправильно соединили).

8) – Алло! Добрый день! Могу я поговорить с господином Платоновым?
   – Простите, как вас представить?
   – Николаев Алексей Васильевич из компании РОСНО.
   – Минуточку, соединяю.

9) – Алло! Владимир Иванович?
   – Да, я вас слушаю.
   – Здравствуйте, Владимир Иванович. Извините за беспокойство, но я хотел кое-что спросить по поводу нашего семинара.

Задание 27. *Начните разговор по телефону:*

а) с другом;
б) с начальником отдела кадров фирмы, куда хотите устроиться на работу;
в) со своим научным руководителем.

Задание 28. *Вы отвечаете на телефонный звонок, когда звонящий:*

а) хочет поговорить с вашей сестрой, но её нет дома;
б) неправильно набрал номер;
в) не называет себя.

Задание 29. *Вы звоните:*

а) в ресторан, чтобы заказать столик на вечер;
б) в деканат, чтобы узнать, когда декан будет в университете;
в) вашему преподавателю домой, чтобы узнать, когда он будет на кафедре.

ИСПОЛЬЗОВАННАЯ ЛИТЕРАТУРА

Акишина А.А., Акишина Т.Е. Этикет телефонного разговора: Пособие для студентов-иностранцев. М., 1990.

Акишина А.А., Формановская Н.И. Русский речевой этикет. М., 1978.

Бельчиков Ю.А. Стилистика и культура русской речи. М., 2000.

Бердичевский А.Л., Соловьева Н.Н. Русский язык: сферы общения: Учеб. пособие для студентов-иностранцев. М., 2002.

Будильцева М.Б., Пугачёв И.А., Царёва Н.Ю. Курс лекций по дисциплине «Русский язык и культура речи»: Учеб. пособие. М., 2006.

Введенский Л.А. Русский речевой этикет. Воронеж, 1998.

Верещагин Е.М., Костомаров В.Г. Язык и культура. М., 2004.

Земская Е.А. Русская разговорная речь. Лингвистический анализ и проблемы обучения: Учеб. пособие. М., 2004.

Калинина И.К., Аникина А.Б. Современный русский язык. Морфология: Пособие для студентов-иностранцев. М., 1975.

Кривоносов А.Д., Редькина Т.Ю. Знаю и люблю русские глаголы. М., 2006.

Митрофанова О.Д. Научный стиль речи: проблемы обучения. М., 1986.

Новикова Н.С., Попова М.Т., Серова Л.К., Щербакова О.М. Стереотипы естественной речи и практика речевой коммуникации (прикладной аспект) // Теория коммуникации и прикладная коммуникация. Ростов н/Д, 2002.

Новикова Н.С., Щербакова О.М. Глагол в тексте (по рассказам А. Чехова и А. Аверченко). Параллельные переводы. Задания. Упражнения. Ключи. М., 2006.

Пугачёв И.А., Будильцева М.Б., Варламова И.Ю., Царёва Н.Ю. Практикум по русскому языку и культуре речи: Словарь-справочник. М., 2006.

Скворцов Л.И. Правильно ли мы говорим по-русски? Справ. пособие по культуре речи. М., 1985.

Царёва Н.Ю., Будильцева М.Б., Пугачёв И.А. и др. Продолжаем изучать русский. М., 2006.

Царёва Н.Ю., Будильцева М.Б., Пугачёв И.А., Варламова И.Ю. Практикум по русскому языку и культуре речи: Учеб. пособие. М., 2007.

КЛЮЧИ

Тема 1

РУССКИЙ ЯЗЫК В СОВРЕМЕННОМ МИРЕ

Задание 1

какому-н.	какому-нибудь
э.	экзамен
м.	мужской род
какого-н.	какого-нибудь
перен.	переносное значение
устар.	устарелое (слово)
2 знач.	второе значение

Задание 2

Диалект	– разновидность языка, характерная для жителей определённого региона.
Жаргон	– разновидность языка, свойственная определённой социальной или профессиональной группе людей.
Просторечие	– разновидность языка, не подчиняющаяся общим правилам и не ограниченная территориально.

Задание 4

1) Подвижное ударение. 2) Оглушение конечных согласных. 3) Деление согласных на твёрдые и мягкие. 4) Смыслоразличительный характер интонации. 5) Консонантизм. 6) Редукция гласных.

Задание 5

1) Множество вариантов словообразования. 2) Флективный язык. 3) Свободный порядок слов в предложении. 4) Сильная морфология. 5) Множество вариантов словообразования. 6) Свободный порядок слов в предложении. 7) Флективный язык. 8) Сильная морфология.

Задание 6

1) Красивый, прекрасный, симпатичный. Умный, неглупый, мудрый. Смелый, храбрый, отважный. 2) Учиться, обучаться, заниматься. Говорить, разговаривать, беседовать. 3) Учитель, преподаватель, педагог. Пример, образец, модель. 4) Весёлый, радостный.

Грустный, печальный. 5) Быстро, скоро. Неспешно, медленно. 6) Спешить, торопиться. Медлить, тянуть (время). 7) Прекрасный, отличный. Ужасный, страшный. 8) Друг, приятель, товарищ. Враг, противник, неприятель.

Тема 2

ОРФОЭПИЧЕСКИЕ НОРМЫ

Задание 1

Языкова́я колбаса – языкова́я ошибка; вре́менный пропуск – временно́й период; за́нятый класс – занято́й человек; разви́тый кем-либо тезис – развито́й ребёнок.

Задание 2

Ритмическая модель	Примеры
та́-та	а́том, ме́тод, тра́нспорт, при́нцип, спо́нсор, и́мпульс, э́кспорт
та-та́	луна́
та́-та-та	а́томный, и́мпортный
та-та́-та	эпо́ха, орби́та, ана́лог, эква́тор, фило́соф, пери́од
та-та-та́	астроно́м, сантиме́тр, килогра́мм
та-та́-та-та	симме́трия, эне́ргия, симпа́тия, тео́рия, мело́дия, гипо́теза
та-та-та́-та	индустри́я, пирами́да, автоно́мный
та-та-та-та́	автомоби́ль
та-та-та́-та-та	авиа́ция, инжене́рия, астроно́мия, анало́гия
та-та-та-та́-та	асимметри́я, металлурги́я, аналоги́чный

Задание 3

1) а. филоло́гия, зооло́гия, биоло́гия
   б. фразеоло́гия
2) а. констру́кция
   б. гравита́ция, делега́ция, деформа́ция
3) а. мело́дия, ава́рия, коме́дия
   б. демогра́фия
   в. металлурги́я
4) атмосфе́ра, биосфе́ра
5) а. фило́лог
   б. стомато́лог, офтальмо́лог, архео́лог
6) некроло́г, катало́г

7) а. ре́ктор
   б. реда́ктор
   в. литера́тор, генера́тор
8) а. демографи́ческий, экономи́ческий
   б. фразеологи́ческий
9) а. практи́чный, траги́чный
   б. артисти́чный, мелоди́чный
   в. аналоги́чный

Задание 4

1) Моде́ль, моме́нт, мото́р, контро́ль, объе́кт, озо́н, проду́кт, прото́н, проце́сс, проце́нт, прогно́з, монта́ж.
2) А́втор, си́мвол, ме́тод, а́том, ко́смос, фа́ктор, тра́нспорт, про́вод.
3) Компоне́нт, океа́н, оборо́т.
4) Пробле́ма, пери́од, програ́мма, орби́та.
5) Пропо́рция, пара́бола, корро́зия, проду́кция, моле́кула.
6) Потенциа́л, апроби́ровать, аналоги́чный, пропорциона́льно.
7) Гекта́р, ремо́нт, нейтро́н, ресу́рс.
8) Пери́од, секу́нда, реа́льность, хара́ктер, явля́ться.
9) Результа́т, телеско́п, механи́зм, регио́н.
10) Реа́кция, гипо́теза, меха́ника, явле́ние.
11) Реакти́вный, регуля́рный, специа́льный, теоре́ма, ядови́тый.
12) Температу́ра, коэффицие́нт.

Задание 6

Га[с], ку[п], анали[с], анало[к], бага[ш], ме́то[т], си́нте[с], ю[к], монта́[ш], перио[т], диало́[к], прогно́[с], ко[т], эпата́[ш], ром[п], пейза́[ш].

Задание 8

Твёрдый согласный перед Е	Мягкий согласный перед Е
конгре́сс, шеде́вр, прогре́сс, би́знес, дециме́тр, темп, тест, моде́ль, эне́ргия, те́зис, ре́йтинг, ко́декс, потенциа́льный, ре́тро, и́ндекс, эсте́тика, де́льта, ине́рция, интегра́л, кузе́н, си́нтез, тенде́нция	пре́сса, крем, те́рмин, тео́рия, иде́я, текст, гипо́теза, теоре́ма, деформа́ция, плане́та, компете́нтный, компоне́нт, рели́квия, пате́нт, нейтра́льный, музе́й, деба́ты, мате́рия, телеско́п

Задание 9

[жж]а́тие, вы́[шш]ий, [жж]ига́ть, бе[шш]у́мный, [жж]има́ть, ма[шш]та́б, ни[шш]ий, разъе[жж]а́ться, прои[шш]е́ствие, уе[жж]а́ть, сума[шш]е́дший, прие[жж]а́ть, [жж]е́ней, бе[жж]а́лостный, му[ш'ш']и́на, [ш'ч]а́ем, [ш'ш']ёт, [ш'ш']а́стье, и[ш'ч]е́знуть, [ш'ш']ита́ть, ра[ш'ш']ёт, ре́[ш'ш']е, перево́[ш'ш']ик, [ш'ш']астли́вый, [ш'ч]е́ховым.

Задание 10

1) Мя́[х']кий, мя́[х]кость, мя́[х]че, мя́[х]ко, лё[х']кий, лё[х]кость, ле́[х]че, ле[х]ко́, обле[х]чи́ть, смя[х]чи́ть, обле[х]чённый, смя[х]че́ние.

2) Утю́[к], сапо́[к], смо[к], без но[к], стро[к].

3) Бо[х], бу[ɣ]а́лтер, о[ɣ]о́, а[ɣ]а́, [ɣ]о́споди.

Задание 11

Ольга Ильи́ни[шн]а, ску́[шн]о, коне́[шн]о, яи́[шн]ица, Ната́лья Кузьми́ни[шн]а, дво́е[шн]ик, наро́[шн]о, ску́[шн]ый, пра́че[шн]ая, тро́е[шн]ик.

Задание 12

а) Ни[чт]о́жный, не́[чт]о, ни[чт]о́жество.

Задание 13

Пра́[зн]ик, изве́[сн]о, почу́[ст]вовать, ме́[сн]ый, сча[сл']и́вый, раси́[сс]кий, по́[зн]о, здра́[ст]вуйте, голла́[нс]кий, се́[рц]е, чу[ст]ви́тельный, со́[нц]е, прое[зн]о́й, ра́до[сн]ый, ча́[сн]ый, зави́[сл']ивый, ле́[сн']ица, пра́[зн]ый, обла[сн]о́й, звё[зн]ый, ше[сн]а́[ц]ать, тури́[сс]кий.

Тема 3

МОРФОЛОГИЧЕСКИЕ НОРМЫ

I. ИМЯ СУЩЕСТВИТЕЛЬНОЕ

Задание 1

Мужской род: апрель, ноль, показатель, уровень, энергоноситель, янтарь, вратарь, дикарь, портфель, слесарь, уголь, выключатель, двигатель, календарь, зритель, шампунь, пароль.

Женский род: связь, сеть, влажность, ёмкость, жизнь, модель, нефть, нить, окружность, пыль, площадь, современность, часть, щёлочь, мышь, ночь, ель, боль, постель, месть, вермишель, сталь, кровь, мелочь, вещь, ступень, степень, дверь, лень, твёрдость, тень, грязь, бандероль, дробь, суть, треть, мазь, память, мысль.

Задание 2

Мужской род: драконище, человечище, человечишко, домишко, умишко, умище, талантище, талантишко, братишка, мальчишка, дядюшка, парнишка, холодище, ветрище, голосище, дружище.

Женский род: собачища, ножища, комнатушка, речушка, головушка, тётушка, деревушка, жарища, грязища, пылища, скучища, ручища.

Средний род: полюшко, письмишко, солнышко, пальтишко, золотишко.

Задание 3

Мужской род: месье, какаду, фламинго, мачете, атташе, рефери.
Женский род: фрау, мадам.
Средний род: меню, рагу, интервью, коммюнике, бра, алиби.

Задание 4

1) большой умницей; 2) абсолютный невежда; 3) круглым сиротой; 4) настоящий обжора.

Задание 5

1) врач; 2) директором; 3) с главным редактором; 4) прекрасной спортсменкой; 5) известным архитектором.

Задание 6

1) **-Ы/-И:** документы, грунты, аргументы, архитекторы, астрономы, барометры, виды, токи, инспекторы, ректоры, блоки, газы, инженеры, конструкторы, лифты, банки, пары, торты, лекторы, цветы, бухгалтеры, госпитали, диспетчеры, плееры, слесари, токари, шофёры, тренеры, секторы, склады, прожекторы, приговоры, порты, пекари.

2) **-А/-Я:** директора, вечера, адреса, профессора, берега, века, леса, голоса, поезда, острова, паспорта, мастера, провода, доктора, счета, сорта, цвета, округа, номера, города, сторожа.

Задание 7

Конденсаторы, кровати, договоры, автомобили, помидоры, государства, аппараты, гиперболы, горы, сети, существа, ткани, тела.

Задание 8

1) в шкафу; 2) в лесу; 3) о лесе; 4) на мосту; 5) о мосте; 6) о снеге; 7) в снегу; 8) в саду; 9) о саде.

Задание 9

1) мира, войны; 2) трамвая/трамвай; 3) трамвай; 4) минеральной воды / минеральную воду; 5) тишины; 6) хлеб/хлеба, колбасу/колбасы; 7) красную ручку; 8) чай/чаю; 9) решения; 10) салат/салата; 11) пропуск; 12) терпения.

II. ИМЯ ПРИЛАГАТЕЛЬНОЕ

Задание 1

Качественные: жадный, розовый, сладкий, высокий, современный, замечательный, полезный, свежий, простой, огромный, горячий, глубокий.

Относительные: молочный, телефонный, деревянный, стеклянный, кухонный, городской, серебряный, шоколадный, вчерашний, деловой, индустриальный, подземный.

Задание 2

Вкуснее, красивее, сильнее, новее, старее, интереснее, проще, сложнее, прекраснее, толще, тоньше, суше, ближе, моложе, богаче, беднее, больше, меньше, выше, крепче, хуже, слаще, дальше, ниже, дешевле, глубже, светлее, глупее, шире, тише, глуше, звонче, теплее, горячее, темнее, жарче, громче, активнее, трудолюбивее, умнее,

Задание 3

Длиннее, более длинный, длиннейший, самый длинный; уже, более узкий, самый узкий; проще, более просто, простейший, самый простой; желтее, более жёлтый, самый жёлтый; здоровее, более здоровый, здоровейший, самый здоровый; полезнее, более полезный, полезнейший, самый полезный; умнее, более умный, умнейший, самый умный; белее, более белый, белейший, самый белый; ровнее, более ровный, ровнейший, самый ровный; труднее, более трудный, труднейший, самый трудный; короче, более короткий, кратчайший, самый короткий; хитрее, более хитрый, хитрейший, самый хитрый; беднее, более бедный, беднейший, самый бедный; богаче, более богатый, богатейший, самый богатый.

Задание 4

1) Самый крупный город в мире – Мехико. 2) Она стремится быть лучше, оригинальнее. 3) На улице становится всё холоднее / более холодно. 4) Сопромат – труднейший / самый трудный предмет. 5) Другая дорога удобнее и короче. 6) Эту задачу можно решить проще / более просто.

Задание 5

1) очень; 2) гораздо (намного, значительно); 3) гораздо (намного, значительно); 4) очень; 5) очень; 6) очень; 7) гораздо (намного, значительно); 8) гораздо (намного, значительно); 9) очень; 10) гораздо (намного, значительно).

Задание 6

Низенький домик, старенький дедушка, лёгонькая блузочка, сладенький пирожок, миленькая девочка, худенький мальчик, новенький портфель, хорошенькая девушка, тёпленькие тапочки, весёленькая история, чистенький городок, слабенький голосок, вкусненький тортик, чёрненькие глазки, кругленькое личико.

Задание 7

Желтоватый, жёлтенький, желтущий; худоватый, худенький, худющий; длинноватый, длинненький, длиннющий; плотноватый, плотненький, плотнющий; жадноватый, жадненький, жаднющий; бледноватый, бледненький, бледнющий; грязноватый, грязненький, грязнющий.

Задание 8

Вопрос труден, воздух свеж, рюкзак тяжёл, проход узок, доход высок, дом пуст, книга интересна, встреча неожиданна, день короток, метод прост, человек беден, старик богат, материал прочен, вещество пластично, продукт полезен, знакомство приятно, проблема сложна, дорога широка, море бурно.

Задание 9

1) известен; 2) больной; 3) широко; 4) интересен; 5) чист и свеж / чистый и свежий; 6) долог; 7) полон; 8) строг; 9) известен; 10) босу.

Задание 10

1) тихий; 2) полон; 3) своевременно и полезно / своевременным и полезным; 4) недорогая; 5) молчалив; 6) длинна и трудна / длинной и трудной.

III. МЕСТОИМЕНИЕ

Задание 1

1) у неё; 2) благодаря ей; 3) вокруг них; 4) впереди него; 5) с ними; 6) навстречу ему; 7) согласно ей; 8) о них; 9) к ним.

Задание 2

1) у меня; 2) у него, у него, у себя; 3) о нём; 4) себя; 5) ко мне, к себе, к тебе; 6) от него, у себя; 7) себе, от себя; 8) себя, себе; 9) с собой, со мной; 10) к нам, перед собой, перед нами, на нас; 11) с собой, с ним; 12) от меня, от меня, перед собой, про себя; 13) около себя, с ним; 14) у меня, к себе; 15) у себя, у него.

Задание 3

1) о своей, о его; 2) в своём, в его, его; 3) его, о своей, его, в его, на его, на своей; 4) на её, на её, на свой; 5) своё, её, её; 6) в своём, своим, его; 7) его, со своей; 8) свой, с его, его.

Задание 4

1) всякие; 2) у каждого; 3) в любом; 4) любой; 5) всякие; 6) каждый (любой); 7) всякие; 8) любой; 9) каждый (всякий, любой); 10) каждый (всякий); 11) всяких.

Задание 5

1) куда-нибудь, кое-куда, что-нибудь, кое-что; 2) кое с кем; 3) кто-нибудь, кое-кто; 4) какая-нибудь, какие-то (кое-какие), какой-нибудь, какой-то; 5) кто-то, какой-то.

Задание 6

1) -нибудь, -то; 2) -нибудь, -нибудь; 3) -нибудь, -то; 4) -нибудь, -то; 5) нибудь (-то), -то, -нибудь; 6) -нибудь; 7) -то, -то (-нибудь); 8) -нибудь; 9) -то; 10) -нибудь; 11) -то; 12) -нибудь; 13) -то, -то; 14) -нибудь.

МОРФОЛОГИЧЕСКИЕ НОРМЫ
(продолжение)

IV. ИМЯ ЧИСЛИТЕЛЬНОЕ

Задание 1

Количественные	Собирательные	Порядковые
семь часов	семеро друзей	пятый курс
три группы	трое суток	седьмая страница
пять экзаменов	пятеро детей	третье задание

Задание 2

1) более двух часов; 2) один журнал и одну книгу; 3) с тремя подругами; 4) в четырёх городах; 5) двум студентам; 6) из четырёх групп; 7) две книги; 8) к трём часам.

Задание 3

1) более двухсот человек; 2) четырёмстам квадратным метрам; 3) в трёхстах километрах; 4) с двенадцатью ошибками; 5) тридцати градусов; 6) более двухсот рублей; 7) до минус двадцати градусов; 8) не более пятнадцати квадратных метров.

Задание 4

1) при ста градусах Цельсия; 2) более сорока человек; 3) около шестисот страниц; 4) девятистам рублям; 5) с семьюстами иллюстрациями; 6) девяносто рублей; 7) ста рублей; 8) о ста рублях.

Задание 5

1) на сто девяносто девять, ста девяноста девяти;
2) пятьсот пятьдесят тысяч рублей. более пятисот пятидесяти тысяч рублей;
3) в шестистах восьмидесяти семи километрах. шестьсот восемьдесят семь километров;
4) четыреста пятьдесят образцов, с четырьмястами пятьюдесятью образцами;
5) при (одной) тысяче пятистах тридцати девяти градусах Цельсия, при температуре (одна) тысяча пятьсот тридцать девять градусов Цельсия;
6) более шестисот сорока операций, шестьсот сорок две операции;
7) от двух тысяч до четырёх тысяч оборотов, на трёх тысячах восьмистах оборотах;
8) полтора часа, более полутора часов.

Задание 7

1) По обеим сторонам дороги росли высокие деревья.
2) В обеих частях курсовой работы были допущены ошибки.
3) С обоими студентами вчера разговаривал декан.
4) Обеими руками малыш поймал мяч.
5) Обоим студентам удалось получить пятёрки.

Задание 8

1) первого сентября; 2) до двадцать пятого декабря; 3) с третьего курса; 4) после двадцать седьмого июня; 5) между двадцать вторым и двадцать шестым января; 6) за восемнадцатое октября; 7) двадцать четвёртого апреля; 8) к тридцать первому мая; 9) с пятого по девятое мая.

Задание 9

1) две третьих суши; 2) двух третьих поверхности; 3) четыре пятых пресной воды; 4) более четырёх пятых населения; 5) одну третью часть; 6) три пятых населения; три целых семь десятых миллиарда; 7) около двух третьих территории; 8) одна четвёртая часть года.

Задание 10

Двухцветный флаг, двухпроцентный раствор, двухслойное покрытие, двуязычный словарь, двуглавый орёл, двукратное увеличение.

Задание 11

Пятнадцатитонный грузовик, двадцатикратное увеличение, двухпроцентный раствор, четырёхлетний ребёнок, сорокалетний мужчина; сорокапятилетие университета, двухсотметровая высота, восьмисотшестидесятилетие города, столетнее здание.

V. ГЛАГОЛ

Задание 1

1) Я встречал друга. 2) Я читал новые журналы. 3) Я провожал сестру. 4) Они покупали овощи. 5) Я рассказывал ей о Риме.

Задание 2

1) Купил в магазине. Покупал газеты в киоске. 2) Он заболел. Он болел почти всю сессию. 3) Я встречался с коллегой. Да, я встретился с ним и взял документы. 4) Да, я хорошо подготовился. Я готовился к экзамену. 5) Да, преподаватель объяснил мне. Я объяснял Андрею, как решать задачу. 6) Он сдал экзамен на «пять». Я сдавал зачёт. 7) Он продал свою машину. Да, Олег продавал машины.

Задание 3

1) готовила; 2) написал; 3) прочитал/читал; 4) объяснял, повторил; 5) звонила, звонила/позвонила; 6) делал/сделал, сделал/делал; 7) включал/включил, выключал/выключил; 8) получал, получал/получил; 9) решал; 10) прочитал/читал.

Задание 4

а) *1) посмотрел; 2) принесла; 3) сказал; 4) приготовила; 5) позвонил; 6) подготовился; 7) надел.*

б) *1) выключал; 2) приносила; 3) готовила; 4) звонил; 5) говорил; 6) давал; 7) помогал.*

Задание 5

1) Я не давал, он сам взял. 2) Я не открывал, оно само открылось. 3) Я не делал, я не знаю, кто сделал. 4) Я не предлагал, он сам предложил. 5) Я не покупал, мне подарили. 6) Он не лгал, он просто был не в курсе. 7) Я не ел, это мой брат съел.

Задание 6

1) погуляли; 2) был/пробыл; 3) подождала; 4) сидели/посидели; 5) почитал; 6) читал; 7) были/пробыли; 8) жила/прожила; 9) спал/проспал; 10) говорили.

Задание 7

1) открыл; 2) открывал; 3) взял; 4) брал; 5) давал; 6) дал; 7) вышел; 8) выходил; 9) спустился; 10) спускался.

Задание 8

1) повтори(те); 2) встань(те); 3) узнай(те); 4) прости(те); 5) забудь(те); 6) вспомни(те); 7) попроси(те); 8) подпиши(те); 9) положи(те); 10) купи(те); 11) поймай(те); 12) спустись (спуститесь).

Задание 9

1) повторяй(те); 2) вставай(те); 3) узнавай(те); 4) прощай(те); 5) забывай(те); 6) вспоминай(те); 7) проси(те); 8) подписывай(те); 9) клади(те); 10) покупай(те); 11) лови(те); 12) спускайся (спускайтесь).

Задание 10

1) вызови, вызывай; 2) отправьте, отправляйте; 3) закончи, заканчивай; 4) открой, открывай; 5) пошли, посылай; 6) подумай, думай.

Задание 11

1) напиши, пиши; 2) налей, наливай; 3) объясни, объясняй; 4) поймай, лови; 5) вынь, вынимай; 6) положи, клади; 7) подожди, жди; 8) достань, доставай; 9) расскажи, рассказывай.

Задание 12

Проходи, раздевайся. Садись, чувствуй. Рассказывай/расскажи. Рассказывай. Ешь. Бери/возьми. Пей. Оставайся/останься. Смотри/посмотри. Обещай/пообещай. Передавай/передай.

Задание 13

1) не повторяй(те); 2) не вставай(те); 3) не узнавай(те); 4) не прощай(те); 5) не забывай(те); 6) не вспоминай(те); 7) не проси(те); 8) не подписывай(те); 9) не клади(те); 10) не покупай(те); 11) не лови(те); 12) не спускайся (спускайтесь).

Задание 14

1) разбей; 2) упади; 3) опоздай; 4) обожгись; 5) скажи; 6) сломай; 7) потеряй; 8) порежься; 9) порви; 10) попади; 11) покажи; 12) забудь; 13) оформи.

Задание 15

1) закрой, закрывай; 2) закрывай; 3) закрывай; 4) включай; 5) включи, включай; 6) расскажи, рассказывай; 7) расскажи.

Задание 16

1) купим; 2) покупать; 3) гулять; 4) пригласим; 5) встречаться; 6) встретимся; 7) встанем; 8) вставать; 9) вставать; 10) сядем.

Задание 17

1) послать; 2) устраивать; 3) поймать; 4) написать; 5) танцевать; 6) улыбаться; 7) ждать; 8) осматривать; 9) положить; 10) смеяться; 11) выигрывать; 12) описывать; 13) вставать; 14) заставить; 15) ответить; 16) звонить; 17) строить; 18) объяснять.

Задание 18

1) Не нужно встречать, он доедет на такси. 2) Не нужно платить, я уже заплатил. 3) Не нужно выбрасывать, я хочу там кое-что посмотреть. 4) Не следует убирать, я ещё не закончил реферат. 5) Не надо просить, у меня есть деньги. 6) Не нужно советоваться, я сам всё знаю. 7) Не следует отказываться, если они хотят помочь. 8) Не нужно оставлять на завтра, завтра не будет времени. 9) Не стоит жалеть его, он сам виноват. 10) Не нужно решать сейчас, у нас есть ещё два дня. 11). Не надо просыпаться раньше, первой пары не будет. 12) Не следует сообщать директору, попробуем решить сами. 13) Не нужно оформлять всё сегодня, можно отложить на понедельник. 14) Не стоит давать ему время, пусть это будет для него неожиданностью. 15) Не следует спешить, театр за углом. 16) Не надо брать у Андрея, у меня есть эта книга. 17) Не нужно извиняться за опоздание, я понимаю, что в городе пробки.

Задание 19

1) Можно взять вашу ручку? 2) Можно сесть? 3) Можно посмотреть? 4) Можно войти? 5) Можно оформить всё к четвергу?

Задание 20

1) ложиться; 2) послушать; 3) готовить; 4) посылать; 5) посоветоваться; 6) слушать; 7) посещать; 8) говорить; 9) купить; 10) звонить; 11) подписать; 12) соглашаться.

Задание 21

1) платить; 2) платить/заплатить; 3) сообщить; 4) начинать; 5) написать, писать/написать; 6) класть; 7) взять, брать; 8) рассказать, рассказывать; 9) звонить/позвонить.

Задание 22

1) Нельзя договариваться на завтра, завтра я весь день занят. 2) Нельзя отказываться от приглашения, друзья могут обидеться. 3) Нельзя прощать Игоря, такие вещи не прощаются. 4) Нельзя решать сейчас, мы пока не знаем все факты. 5) Нельзя пить пиво, я сегодня за рулём. 6) Нельзя останавливаться за углом, там висит запрещающий знак. 7) Нельзя выходить в 11.30, это слишком поздно. 8) Нельзя играть в теннис, у меня нет ракетки. 9) Нельзя молчать, это принципиальный вопрос. 10) Нельзя откладывать решение, это важно для всех нас.

Задание 23

1) верить, поверить; 2) подходить, подойти; 3) исправить, исправлять; 4) красть, украсть; 5) знакомиться, познакомиться; 6) подделать, подделывать; 7) заменять, заменить; 8) вызывать, вызвать; 9) отправлять, отправить; 10) отдавать, отдать.

Задание 24

1) встретиться; 2) пригласить; 3) отложить; 4) рассказывать; 5) отдыхать; 6) написать; 7) уехать; 8) спешить; 9) показать; 10) класть; 11) подождать; 12) сдавать; 13) получать; 14) встречаться; 15) встретиться; 16) проснуться.

Задание 25

1) уезжать; 2) уехать; 3) солгать; 4) лгать; 5) бросать; 6) бросить; 7) потерять; 8) терять; 9) случаться; 10) случиться; 11) ложиться; 12) лечь; 13) баловать; 14) избаловать; 15) изменяться; 16) измениться; 17) брать; 18) взять.

VI. НАРЕЧИЕ

Задание 1

1) тоже/также; 2) тоже/также; 3) также; 4) также; 5) тоже; 6) также; 7) тоже; 8) также; 9) также; 10) тоже; 11) тоже; 12) также; 13) тоже/также; 14) тоже; 15) также; 16) тоже/также, тоже/также; 17) также.

Задание 2

1) очень; 2) очень/слишком; 3) много/мало; 4) немного; 5) очень; 6) совсем/совершенно/абсолютно/почти; 7) очень/достаточно; 8) слишком; 9) слишком/очень; 10) чуть-чуть/немного; 11) совсем/совершенно/абсолютно; 12) слишком; 13) абсолютно/совершенно/почти, гораздо/значительно/намного; 14) гораздо/значительно/намного; 15) совершенно/абсолютно; 16) достаточно; 17) достаточно; 18) много/достаточно; 19) достаточно; 20) много/мало; 21) немного/чуть-чуть; 22) совсем/совершенно/абсолютно; 23) немного/чуть-чуть; 24) немного/чуть-чуть; 25) гораздо/значительно/намного; 26) немного.

Тема 5

МОРФОЛОГИЧЕСКИЕ НОРМЫ
(окончание)

VII. ПРЕДЛОГИ

Задание 1

1) от, для; 2) для, на; 3) за, для; 4) от; 5) на, на; 6) за, для; 7) на, для; 8) для; 9) на; 10) на, на; 11) на, за, от; 12) за; 13) на; 14) за; 15) на; 16) на, на; 17) на; 18) на.

Тема 6

СЛОВООБРАЗОВАТЕЛЬНЫЕ НОРМЫ

Задание 1

Изучение – изучить; выполнение – выполнить; запрещение – запретить; открытие – открыть; влияние – влиять; исследование – исследовать; использование – использовать; изобретение – изобрести; наблюдение – наблюдать; создание – создать; творчество – творить; проведение – провести; изготовление – изготовить; предотвращение – предотвратить; посещение – посетить; выступление – выступить; награждение – наградить; опубликование – опубликовать; развитие – развить; вдохновение – вдохновить; описание – описать; участие – участвовать; руководство – руководить.

Задание 2

Основать – основание; уничтожить – уничтожение; образовать – образование; спасать – спасение; обсуждать – обсуждение; прибыть – прибытие; признать – признание; производить – производство; посвящать – посвящение; сочинять – сочинение; выражать – выражение; воспитать – воспитание; достигать – достижение; ожидать – ожидание; собраться – собрание; улучшать – улучшение; утверждать – утверждение; провести – проведение; загрязнить – загрязнение; занять – занятие; объяснить – объяснение; взять – взятие; колебаться – колебание.

Задание 3

1) Выход, прилёт, переезд, уход, отъезд, вылет, обход.
2) Вызов, помощь, связь, запись, отказ, совет.
3) Защита, плата, замена, победа, забота.
4) Тренировка, разработка, отметка, оценка, проверка, загрузка.
5) Прогноз, модель, контроль, экспорт, аргумент, проект.

Задание 4

Исследование явлений природы, разработка оригинальной методики, открытие малой планеты, замена старого оборудования, запись телефонного разговора, обсуждение важных проблем, выведение сложной формулы, анализ полученных результатов, уничтожение ядерного оружия, защита окружающей среды, строительство мощной электростанции, улучшение демографической ситуации, развитие дружественных отношений, экспорт нефти и газа, наладка нового оборудования, использование современных технологий, проведение пресс-конференции, изобретение сложного прибора, захват чужой территории.

Задание 5

Помочь, оценить, решить, исследовать, искать, победить, руководить, связать, открыть, наблюдать, наслаждаться, записать, измерять, согласиться, контролировать, проверять.

Задание 6

1) Даритель – дарить; поджигатель – поджигать; отправитель – отправить; наниматель – нанимать; создатель – создать; вредитель – вредить; потребитель – потреблять; покоритель – покорить; хранитель – хранить; мститель – мстить; пользователь – пользоваться (использовать); первооткрыватель – открыть впервые; проситель – просить; собиратель – собирать; предъявитель – предъявить.

2) Освежитель – освежить; поглотитель – поглотить; краситель – красить; увлажнитель – увлажнить; носитель – носить; держатель – держать; усилитель – усилить; окислитель – окислить; указатель – указать; переключатель – переключать; определитель – определить.

Задание 8

Изобретать – изобретатель; исследовать – исследователь; наблюдать – наблюдатель; руководить – руководитель; основать – основатель; производить – производитель; составить – составитель; сочинить – сочинитель; изготовить – изготовитель; мыслить – мыслитель; мечтать – мечтатель; водить – водитель; исполнить – исполнитель; освободить – освободитель; завоевать – завоеватель; воспитать – воспитатель; испытать – испытатель; нарушить – нарушитель; избирать – избиратель; любить – любитель.

Задание 9

1) Газетчик – газета; докладчик – доклад; водопроводчик – водопровод; разведчик – разведывать; заказчик – заказывать.

2) Регулировщик – регулировать; крановщик – кран; компьютерщик – компьютер; приёмщик – приём; носильщик – носить; часовщик – часы.

3) Отличник – отличный; работник – работать; дипломник – диплом; помощник – помощь; лесник – лес; спутник – путь.

4) Математик – математика; техник – техника; лирик – лирика; фронтовик – фронт; комик – комедия; аналитик – анализ.

5) Кофейник – кофе; салатник – салат; молочник – молоко; дневник – день; пододеяльник – одеяло.

6) Дождевик – дождь; грузовик – груз; боевик – бой; половик – пол; черновик – чёрный; оптовик – оптовый.

Задание 15

Изобретательница, составительница, мечтательница, исполнительница, воспитательница, нарушительница, любительница.

Задание 17

1) Нежность, верность, мудрость, гордость, реальность, храбрость, страстность, зависимость, ясность, правдивость, скромность, гениальность, увлечённость, решительность, особенность, справедливость, хрупкость, пластичность, электропроводность, лёгкость, упругость, мягкость, жёсткость, влажность, тяжесть, прозрачность, распространённость.

2) Красота, простота, чистота, краснота, беднота, глухота, полнота, слепота, темнота, чернота, высота, теплота, частота, долгота, широта, быстрота, пустота.

3) Глубина, толщина, тишина, величина, седина.

4) Желтизна, новизна, дешевизна, кривизна, крутизна.

5) Упорство, богатство, удобство, ничтожество, изящество, проворство.

6) Гуманизм, пессимизм, эгоизм, идеализм, романтизм, карьеризм, реализм.

Задание 19

Премиальный – премия; общественный – общество; научный – наука; мировой – мир; успешный – успех; престижный – престиж; образовательный – образование; военный – воин (война); литературный – литература; разговорчивый – разговор; призовой – приз; финансовый – финансы; талантливый – талант; организационный – организация; исторический – история; вражеский – враг; братский – брат; основательный – основа; регрессивный – регресс; кафедральный – кафедра; государственный – государство; документальный – документ; дружеский – друг; комплексный – комплекс; воздушный – воздух; дождевой – дождь; морской – море; стереоскопический – стереоскоп; буквенный – буква; приветливый – привет.

Задание 20

1) Зимний, картинный, оконный, летний, грустный, страстный, весенний, горный, холодный, осенний, интересный, умный, печальный, тайный, секретный, любовный, ручной, фабричный, праздничный, молочный, яблочный, дорожный, бумажный, книжный, тревожный, влажный, успешный, страшный.

2) Июньский, сентябрьский, заводской, городской, дружеский, морской, деревенский, институтский, философский, детский.

3) Экологический, геологический, филологический, биологический, героический, методический, графический, логический, статистический, мифологический, магический.

4) Логичный, архаичный, герметичный, динамичный, органичный.

5) Трудовой, деловой, береговой, звуковой, голосовой, языковой; классовый, массовый, танковый, розовый, цинковый.

6) Фигуральный, формальный, пирамидальный, документальный, экспериментальный, диаметральный, спектральный, моментальный, зональный, региональный.

7) Приветливый, заботливый, дождливый, счастливый, удачливый, тоскливый, завистливый, трусливый, терпеливый, крикливый.

8) Жизненный, огненный, масленый, отечественный, искусственный, мужественный, пространственный, правительственный, государственный, невежественный.

9) Активный, эффективный, прогрессивный, агрессивный, реактивный, продуктивный, субъективный, объективный, массивный, экспрессивный.

Задание 22

а) 1) -писать; 2) -бирать; 3) -жить; 4) -давать; 5) -смотреть; 6) -ставить.

б) 1) Написать письмо, подписать документ, переписать лекцию, записать концерт, описать свойства, выписать слова из текста, дописать рассказ, списать решение задачи, расписать стену, прописать лекарство, надписать рисунок.

2) Выбирать профессию, отбирать факты, избирать президента, набирать сотрудников, собирать материал для доклада, разбирать вещи, убирать комнату, подбирать шляпку к пальто.

3) Пожить на даче, выжить в трудных условиях, прожить много лет, зажить счастливо, пережить катастрофу, ожить после зимы, дожить до глубокой старости.

4) Отдавать долг, сдавать экзамен, передавать привет, продавать машину, задавать вопросы, выдавать секрет, пересдавать зачёт, раздавать подарки детям, создавать фирму.

5) Посмотреть фильм, осмотреть больного, рассмотреть заявление, просмотреть газеты, пересмотреть своё решение, подсмотреть в дверь, засмотреться на красоту.

6) Поставить вазу на стол, доставить письмо, составить документ, переставить мебель, предоставить слово, представить нового сотрудника, заставить кого-либо работать, вставить в слово пропущенные буквы, выставить картины в галерее.

Задание 23

1) ...напомнить (старую историю), припомнить (обиду)...

2) ...ввести (новый порядок), увести (сына домой), довести (дело до конца)...

3) ...познать (тайны природы), осознать (свою вину), вызнать (секрет)...

4) ...вызвать (врача), подозвать (к себе ребёнка), призвать (к порядку)...

5) ...подобрать (бумагу с пола), забрать (с собой детей), набрать (текст на компьютере)...

6) ...научить (друга играть на гитаре), разучить (новую песню), приучить (детей класть вещи на место)...

7) ...доработать (до пенсии), проработать (много лет в университете), отработать (положенное время)...

8) ...прикрыть (форточку), перекрыть (дорогу), покрыть (землю снегом)...

Задание 24

1) Выслушать (внимательно все возражения); недослушать (скучный доклад); подслушать (чужой разговор); прислушаться (к советам родителей); заслушаться (чудесным пением).

2) Накричать (на подчинённого); закричать (от боли); перекричать (всех); прокричать (лозунг).

3) Выстроить (схему); устроить (вечеринку); подстроить (встречу); застроить (всю улицу); надстроить (ещё один этаж); пристроить (террасу к дому); перестроить (дом); отстроить (новое общежитие).

4) Исправить (ошибку); выправить (текст); подправить (одну деталь); направить (стажёров на практику); заправить (бак бензином); переправить (груз на другой берег); отправить (письмо).

5) Принять (гостей); отнять (время у кого-либо); поднять (вещь с пола); унять (спорящих); занять (свободное место); нанять (работника); перенять (привычку); обнять (отца); разнять (боксёров).

6) Заметить (ошибку); отметить (факт); наметить (план); подметить (детали); разметить (площадку под строительство); пометить (значком новые слова).

Задание 25

Существительные (кто? что?)	Прилагательные (какой?)	Глаголы (что (с)делать?)
изобретение	готовый	создавать
подготовка	наблюдательный	создать
наблюдение	изобретательный	производить
описание	производительный	произвести
создание	предпринимательский	изобрести
изобретатель	исследовательский	исследовать
исследователь	производственный	изготовить
производство	подготовительный	предпринимать
создатель		готовить
наблюдатель		предпринять
создательница		изобретать
произведение		наблюдать
предприниматель		изготовлять
изготовление		подготовить
производитель		изготавливать
исследование		

Задание 26

1) Премия – премиальный; престиж – престижный; комиссия – комитет; государство – государственный; открыть – открытие; наука – учёный – научный; звание – назвать – названный; присуждать – присуждение; награда – наградить; писательница – писать; общество – общественный; мир – мировой; политика – политик; экономист – экономика – экономический; деятель – деятельность; заслуга – заслужить – заслуженный; успех – успешный; народ – международный; организовать – организация – организатор.

2) Творчество – творческий – творить – творчески; талант – талантливый; вдохновлять – вдохновение; изображение – изобразительный – изображать – образ; рису-

нок – рисовать; картина – картинный; художественный – художник; сочинять – сочинение; музыка – музыкант – музыкальный; гений – гениальный; исполнение – исполнитель.

3) Остроумие – ум – умный – остроумный; наследовать – наследство – наследственность – наследование; трудиться – труд – трудолюбивый – трудолюбие; наслаждаться – наслаждение; общение – общаться – общительный; возглавить – глава – главный; требование – требовательный – требовательность – требовать; оценка – цена – ценить – ценный – ценность; соображать – сообразительный – сообразительность.

Задание 27

1) Петь (*что делать?*) (романс); песня (*что?*) (о любви); певец (*кто?*) (талантливый ~); пение (*что?*) (красивое ~); певица (*кто?*) (знаменитая ~); песенный (*какой?*) (песенное творчество).

2) Фантазия (*что?*) (богатая ~); фантаст (*кто?*) (писатель-~); фантастика (*что?*) (читать фантастику); фантастический (*какой?*) (роман); фантом (*что?*) (создать ~); фантазировать (*что делать?*) (любить ~).

3) Один (*сколько?*) (брат); однажды (*когда?*) (осенью); одинокий (*какой?*) (старик); одинаковый (*какой?*) (одинаковые оценки); одиночество (*что?*) (полное ~).

4) Заметка (*что?*) (написать заметку); заметный (*какой?*) (результат); замечать (*что делать?*) (изменения); замечание (*что?*) (важное ~); замечательный (*какой?*) (учёный); замечательно (*как?*) (выступать).

5) Исследовать (*что делать?*) (космос); след (*что?*) (оставить ~); следить (*что делать?*) (за движением планет); последователь (*кто?*) (учёного); следовать (*что делать?*) (рекомендациям врача); последовательный (*какой?*) (ход мыслей); исследователь (*кто?*) (океана); следовательно (-) (~, наша гипотеза верна); следующий (*какой?*) (шаг); следствие (*что?*) (кризиса); впоследствии (*когда?*) (не повторять ошибок).

6) Вода (*что?*) (минеральная ~); водный (*какой?*) (транспорт); водолаз (*кто?*) (работать водолазом); водяной (*какой?*) (пар); наводнение (*что?*) (спасаться от наводнения); приводниться (*что сделать?*) (на озеро); водопровод (*что?*) (починить ~); подводный (*какой?*) (мир).

Задание 28

1) Спорить (о политике); спор (бесполезный ~); спорщик (известный ~); оспорить (решение руководства)…

2) Вред (причинить ~ животным); вредный (вредные выбросы); вредить (делу); вредитель (сельскохозяйственный ~)…

3) Загрязнять (атмосферу); грязный (воздух); загрязнение (природы); грязь (убрать ~)…

4) Чистый (город); очистить (территорию); очистительный (очистительная установка); чистота (воздуха)…

5) Круг (начертить ~); окружающий (окружающая среда); вокруг (дома); круглый (стол)…

6) Расти (быстро); рост (производства); растение (декоративное ~); растительный (мир)…

1) парад; 2) сирота; 3) радар, ударный; 4) дезодорант; 5) точка, ложка; 6) выброс, вопрос; 7) убедить, убедительный.

Тема 7

ЛЕКСИЧЕСКИЕ НОРМЫ

Задание 1

а) Сейчас она **учится**... Мария **изучает** одновременно... Конечно, ... надо очень много **заниматься**: каждый день необходимо ..., **учить** новые слова и грамматику. Мария говорит, что ей очень интересно **учиться**. У неё прекрасные преподаватели, которые **учат**... Больше всего ей нравится **заниматься**... Для этого студенты... и **учатся** быстро...

б) Здесь живёт мой хороший друг, который предложил мне **остановиться** у него. Я заехал к нему утром, **оставил** свои вещи... Автобуса не было, и мне пришлось **остановить** такси. Тут я вспомнил, что **оставил** адрес друга... Друг поблагодарил таксиста, и он **остался**... «Какие симпатичные люди в Москве, – подумал я. – Они не **оставят** ... !» От этой поездки... у меня **остались**...

в) Чтобы решить какую-нибудь проблему, мы всегда **обсуждаем**...
Если человек совершил ошибку, не спеши **осуждать** его...

г) Решение о присуждении Нобелевской премии **принимает**...
При сборке автомобилей... **применяют(ся)**...
В борьбе с эпидемией... **применяют(ся)**...
Необходимо **принимать**...

д) Я никак не могу **вспомнить**...
Запомните, пожалуйста, ...
Если бы ты не **напомнил** мне...
Свой первый день в Москве он **запомнил**...
Мы очень хорошо **помним**...
Хочу **напомнить** вам ... .

е) Лёгкие двигатели нового образца **составляют**...
Мне не **составляет** большого труда...
Главная трудность **состоит**...
Человеческий организм **состоит**...
Этот минерал **составляет**...

Задание 3

1) **Знать** *что?* (много интересного) – **уметь** *что делать?* (играть на гитаре); **встречаться с кем?** (с друзьями), *где?* (в природе) – **находиться** [*быть расположенным*] *где?* (в центре);

успеть 1) [*иметь достаточно времени*] *что сделать?* (доехать до вокзала); 2) [*прийти или приехать вовремя*] *куда?* (на концерт) – **удаться** [*получиться, осуществиться успешно*] *что сделать?* (поступить в университет);

звать [*кого? + одуш. сущ.*] (Моего брата зовут Антон) – **называться** [*как? + неодуш. сущ.*] (Этот кинотеатр называется «Октябрь»);

согласиться 1) [*принять предложение*] *что сделать?* (приехать в гости), *на что?* (на встречу), 2) [*иметь такое же мнение*] *с кем?* (с коллегой) – **договориться** [*условиться*] *с кем?* (с подругой), *о чём?* (о поездке на дачу), *что сделать?* (поехать на дачу).

2) **Учёный** (*одуш. сущ.*) (знаменитый учёный-физик) – **научный** (*прил.*) (научный конгресс);

народный 1) [*национальный, этнический*] (народная песня), 2) [*принадлежащий народу, относящийся к народу*] (народный театр, народный герой) – **популярный** [*известный, пользующийся успехом*] (артист, клуб);

американец (*сущ.*) (Мой друг американец) – **американский** (*прил.*) (американское кино).

3) **Мера** [*единица измерения*] (мера веса, длины и т. п.) – **размер** [*ширина, длина, высота*] (комнаты);

лекция [*вид занятия, выступление*] (слушать лекции по литературе) – **конференция** [*конгресс, форум, симпозиум*] (Международная научная конференция по экологическим проблемам открылась в Москве);

пакет (молока, положить вещи в пакет) – **свёрток** (с одеждой) – **узел** (завязать волосы в узел);

класс [*помещение*] (войти в класс) – **урок** [*занятие*] (начать урок);

дверь (в комнату) – **ворота** (перед домом);

сказка [*легенда*] (русская народная сказка) – **рассказ** [*небольшое сочинение в прозе*] (рассказ известного писателя) – **история** [*происшествие, случай*] (Эта история произошла…) – **сплетня** [*слух, неправдоподобная информация*] (Не люблю слушать сплетни).

Задание 4

Аккомодация = приспособление; акция = ценная бумага; алгоритм = последовательность действий; брифинг = краткая беседа; вернисаж = торжественное открытие выставки; гносеология = теория познания; генезис = происхождение; имитация = подражание; резон = довод; препона = преграда.

Задание 7

1) конструкция → строительство; 2) лекторов → читателей; 3) прокламацию → провозглаше-ние; 4) интеллигентный → умный; 5) бандероль → флажок, вымпел; 6) артикли → изделия; 7) принципиальным → главным, основным; 8) продукция → производство.

Задание 8

1) Дипломатическая служба – дипломатичный ответ; динамическая теория – динамичное время; логическая задача – логичный поступок; эффектный трюк – эффективный метод; развитая экономика – экономия средств; компания друзей – нефтяная компания – избирательная кампания; адресат письма – подпись адресанта; информативная статья – информационная программа; органическая химия – органичная связь; принять парламентёра – дебаты парламентариев; туристический поход – туристский лагерь.

2) Мировая война – мирная жизнь; далёкий путь – дальний родственник; единый фронт – единственный друг; каменный дом – каменистый берег; освоить метод – усвоить правило; надеть пальто – одеть ребёнка; заплатить за проезд – оплатить экскурсию; помириться с братом – смириться с ситуацией; абсолютный невежа – полный невежда; получить наследство – богатое культурное наследие; жить в бедности – район городской бедноты.

Задание 9

1) встал; 2) произвёл; 3) идеалистическими; 4) экономии; 5) адресата; 6) внимание; 7) типичными; 8) надела; 9) водный; 10) автобиографичными.

Задание 10

а) открыть: закон, **книгу, глаза**…
принять: решение, **программу, лекарство**…
присудить: звание, **премию, степень**…
возглавить: институт, **движение, партию**…
разработать: проект, **методику, план**…
основать: фонд, **институт, город**…
приобрести: опыт, **машину, дом**…
исследовать: космос, **океан, природу**…
использовать: факты, **информацию, материалы**…
защищать: природу, **друга, диплом**…
проводить: эксперимент, **конференцию, время**…
оказывать: влияние, **помощь, внимание**…
осуществлять: планы, **мечту, замысел**…
беречь: землю, **детей, здоровье**…

б) работу: провести, **начать, любить**…
метод: использовать, **разработать, описать**…
премию: получить, **присудить, истратить**…
связь: найти, **установить, разорвать**…
прибор: изобрести, **создать, использовать**…
модель: создать, **предложить, усовершенствовать**…
жизнь: описать, **прожить, начать**…
значение: иметь, **оценить, придать**…
пьесу: сочинить, **написать, поставить**…
труд: опубликовать, **закончить, написать**…

в) красивый: цветок, **парк, поступок…**
современная: техника, **музыка, культура**…
подводный: мир, **спорт, корабль**…
важная: встреча, **задача, минута**…
мощный: взрыв, **прибор, реактор**…

тепловая: электростанция, **энергия**, **обработка**…
интересная: книга, **беседа**, **информация**…
летящий: самолёт, **мяч**, **метеорит**…
смелый: эксперимент, **человек**, **поступок**…
тяжёлая: промышленность, **жизнь**, **сумка**…

г) быстро: читать, **бегать**, **соображать**…
эффективно: работать, **помогать**, **действовать**…
хорошо: выглядеть, **учиться**, **понимать**…
много: думать, **работать**, **помогать**…
интересно: жить, **рассказывать**, **выступать**…
далеко: видеть, **уйти**, **заплыть**…

Задание 11

1) иметь значение – играть роль; 2) улучшить качество – повысить уровень; 3) выразить чувства – формулировать мысль; 4) исправить ошибки – устранить недостатки; 5) уделить внимание – придать значение; 6) обнаружить закономерность – открыть закон; 7) ввести понятие – разработать теорию, обосновать мнение – доказать правоту.

Задание 12

М. Глинка задумал **написать** (**сочинить**) оперу на сюжет из русской истории. В своей опере он **рассказал** о героических событиях, которые происходили в России в далёкие времена. В опере Глинка **показывает** главного героя как человека **смелого**, любящего свою родину. Талант М. Глинки **потрясал** его современников. В своей музыке композитор стремился **передать** красоту души русского народа.

Задание 13

1) Сообразительный, умный, способный, одарённый, талантливый, гениальный.
2) Симпатичный, красивый, прелестный, очаровательный, прекрасный, восхитительный.

Задание 14

Мысль – идея; работа – труд; сторонник – единомышленник; дискуссия – спор; одарённость – талант; наслаждение – удовольствие; оппонент – противник.

Задание 15

1) Любовь – привязанность; молодость – юность; влияние – воздействие; смелость – бесстрашие; задание – поручение; дорога – путь; эксперимент – опыт; промышленность – индустрия; беседа – разговор; свидание – встреча.
2) Трудный – тяжёлый; весёлый – радостный; ясный – понятный; точный – однозначный; обычный – ординарный; маленький – миниатюрный; увлекательный – интересный; грустный – печальный; свободный – просторный; тихий – бесшумный.

3) Удивляться – поражаться; интересоваться – увлекаться; беспокоиться – волноваться; простить – извинить; восхищаться – восторгаться; радоваться – веселиться; осуществлять – реализовывать; соревноваться – соперничать; договариваться – уславливаться; возникать – появляться; увеличиваться – расти.

4) Необходимо – нужно; вероятно – возможно; удивительно – поразительно; полезно – благоприятно; верно – правильно; удачно – успешно; тоскливо – скучно; удобно – комфортно; настойчиво – упорно; эмоционально – взволнованно.

Задание 16

Неумный – умный; необыкновенный – обыкновенный; несчастный – счастливый; независимый – зависимый; незнакомый – знакомый; недоступный – доступный; неопытный – опытный; невидимый – видимый.

Задание 17

1) Ум – глупость; сила – слабость; активность – пассивность; простота – сложность; трудолюбие – лень; единомышленник – противник; жара – холод; грязь – чистота; свобода – рабство; грубость – вежливость.

2) Лёгкий – тяжёлый; далёкий – близкий; естественный – искусственный; прямой – кривой; банальный – оригинальный; случайный – закономерный; широкий – узкий; вредный – полезный; изменчивый – неизменный; тонкий – толстый.

3) Хвалить – ругать; скучать – развлекаться; выигрывать – проигрывать; соглашаться – отказываться; расставаться – встречаться; здороваться – прощаться; мириться – ссориться; радоваться – огорчаться; надевать – снимать; нагревать – охлаждать.

4) Внутри – снаружи; сверху – снизу; низко – высоко; длинно – коротко; совместно – раздельно; просторно – тесно; положительно – отрицательно; ложно – истинно; постепенно – сразу; шумно – тихо.

Тема 8

СИНТАКСИЧЕСКИЕ НОРМЫ

I. СЛОВОСОЧЕТАНИЕ

Задание 1

1) Мы пошли на стадион, чтобы поддержать *нашу команду.* 2) Секретарь поможет *новым студентам* написать заявление. 3) Вам нужно поговорить с заведующим *новой лабораторией* и директором *нового торгового центра.* 4) Ты уже заплатил *за билет?* 5) Где я могу оплатить *этот счёт?* 6) Я хорошо ответил *на первый вопрос.* 7) Мама часто спрашивает меня *об учёбе.* 8) Наши спортсмены показали показали своё явное превосходство *над командой гостей.* 9) Этот способ имеет несколько преимуществ *перед всеми другими.* 10) Мы вернулись с экскурсии, полные *впечатлений.*

Задание 2

3) купить новый компьютер и пользоваться им;
6) подготовка к экзамену и его сдача.

II. ПРЕДЛОЖЕНИЕ

Задание 1

1) Мне очень нравится математика. 2) У него в кабинете есть телефон. 3) Завтра мне будет нужен этот учебник. 4) На стене висела доска. 5) Прошло пять лет. 6) Мелу свойственна хрупкость. 7) Сколько стоили эти книги и журналы? 8) «Здравствуйте!» – сказала новая студентка.

Задание 2

1) Вчера мне очень нужна была тетрадь по физике. 2) Завтра вам будут нужны словари. 3) Мне нравятся красивые девушки. 4) Тебе понравилась эта девушка? 5) Прошла неделя. 6) Быстро прошли годы учёбы в университете. 7) На столе стояли новые компьютеры и лежала инструкция к ним. 8) Сколько стоят эти книги? 9) Сколько стоило новое оборудование?

Задание 4

1) В соревнованиях *участвовала* тридцать одна команда. 2) Большинство *пришло* вовремя. Несколько студентов *опоздало/опоздали*. 3) Я не заметил, как *прошли* два часа. 4) Много студентов хорошо *говорит/говорят* по-русски. 5) Семь человек *сдали* экзамены досрочно. 6) Мало людей *знает/знают* ответ на этот вопрос.

Задание 5

1) Когда я ответил на все вопросы, преподаватель поставил мне «отлично». 2) Когда я нажал на красную кнопку, прибор выключился. 3) Когда я сделал ошибку в работе, преподаватель исправил её. 4) Прибор включился, когда я нажал на кнопку «Пуск». 5) Когда я написал заявление, секретарь взял его у меня. 6) Когда я пришёл домой, меня встретил сосед. 7) Когда мы приехали с практики, начался новый семестр. 8) Когда я зашёл в библиотеку, мне дали книги. 9) Когда я получил диплом, меня поздравили друзья.

Задание 6

1) Это новая студентка, которая будет учиться в нашей группе. 2) Это моя подруга, с которой я познакомился в школе. 3) Сегодня я сдал курсовую работу, которую я закончил вчера. 4) Я встретил преподавателя, которому я сдавал экзамен. 5) Я не знаю новых студентов, которых не было на лекции. 6) Нам нужно переписать контрольную работу, в которой мы сделали много ошибок. 7) Я написал письмо другу, с которым мы учились в школе. 8) Я был рад встретиться с другом, которого я давно не видел. 9) Это моя подруга, которую зовут Елена. 10) Мне нужен преподаватель, которого зовут Виктор Петрович.

Задание 7

1) Я хочу купить книгу, о которой говорил преподаватель. 2) Это моя подруга, которую зовут Анна. 3) Как зовут преподавателя, который будет читать лекции? 4) Вот тетрадь, которую ты забыл в аудитории. 5) Я хочу поговорить с преподавателем, которому мы сдавали зачёт. 6) Где ключ, которым ты открыл дверь? 7) Ты знаешь новую студентку, которая будет учиться в нашей группе? 8) Покажи мне книгу, которую ты взял в библиотеке. 9) Вчера я встретил девушку, с которой познакомился на вечере.

Задание 8

1) Я зашёл в аудиторию к подруге, которая учится на первом курсе. 2) Мы сдали преподавателю зачёт, к которому мы долго готовились. 3) Староста принёс студентам зачётные книжки, которые лежали в деканате. 4) Мастер поставил на стол компьютер, который не работал. 5) Я взял у моего друга учебник, о котором нам говорил преподаватель. 6) Я позвонил по телефону другу, у которого был день рождения. 7) Я подарил сестре книгу, в которой было много иллюстраций. 8) Антон ходил с другом в музей, в котором была выставка. 9) Менеджер взял отчёт, который лежал на столе. Это был отчёт нового сотрудника.

Тема 9

ФУНКЦИОНАЛЬНЫЕ СТИЛИ, ПОДСТИЛИ РЕЧИ, ЖАНРЫ

Задание 1

Разговорный стиль: 5, 6, 9, 11, 13.
Литературно-художественный стиль: 3, 5, 6, 10/11, 12, 16.
Общественно-публицистический стиль: 3, 5, 6, 7, (8), 10/11, 12, (14), 15, 16, 17.
Научный стиль: 1, 2, 3, 4, 7, 8, 10/11, 12, 14, 15, 16, 17, 18.
Официально-деловой стиль: 1, 2, 3, 4, 7, 8, 10/11, 12, (14), 15, 16, 17, 18.

Задание 2

Научный стиль: 1, 2, 9, 12, 13, 14, 15, 16, 19, 20, 21, 23.
Официально-деловой стиль: 1, 2, 3, 7, 9, 12, 13, 14, 15, 16, 20, 21, 23.
Общественно-публицистический стиль: 2, 4, (5), 6, 9, 11, 13, 14, 15, 18, 19, 20, 21, 22, 23, (24), 25.
Разговорный стиль: 4, 5, 6, 7, 8, 10, 11, 17, 18, 19, 22, 24, 25.

Задание 3

Текст 1: общественно-публицистический стиль

28 ноября, в день рождения академика Дмитрия Сергеевича Лихачёва, в Санкт-Петербурге состоялось торжественное заседание, посвящённое 100-летнему юбилею великого учёного-гуманиста. Выступавшие на заседании рассказали о разных гранях его дарования, с волнением вспоминали о встречах и разговорах с ним.

Очень эмоционально выступила Людмила Вербицкая, ректор Санкт-Петербургского госуниверситета, питомцем которого был Дмитрий Лихачёв. Людмила Алексеевна рассказала, как <u>живо интересовался</u> он университетским процессом. В гуманитаризации образования учёный видел путь к гуманизации общества, <u>горевал</u> по поводу недопустимого засорения русского языка: <u>известно, что</u> Лихачёв предлагал создать <u>комитет</u> по спасению русского языка <u>во главе с</u> президентом страны. Он был убеждён в том, что каждый человек должен совершенствовать свой язык, что это <u>огромное удовольствие</u>, не меньшее, чем следить за своей одеждой, правда, менее дорогое.

Текст 2: официально-деловой стиль

<u>Клиент</u> передаёт, а <u>государственное учреждение</u>, Управление вневедомственной охраны при УВД Центрального административного округа г. Москвы, <u>принимает под охрану</u> отдельную квартиру или иное помещение (<u>в дальнейшем Объект</u>), в котором <u>проживают</u> клиент и <u>члены</u> его <u>семьи</u>, а также <u>лица</u>, <u>зарегистрированные</u> или <u>имеющие</u> какое-либо <u>право собственности</u> на жильё, и которым они пользуются <u>на основании найма,</u> <u>аренды, права собственности</u>, а также <u>иных законных оснований</u>, <u>путём осуществления</u> <u>контроля</u> подключённых к пульту централизованного наблюдения абонентских устройств сигнализации, установленных на Объекте.

Текст 3: научный стиль

<u>Зависимость между искомыми величинами</u> будет найдена, если будут указаны методы нахождения неизвестных <u>функций</u>, определяемых <u>дифференциальными</u> <u>уравнениями</u>. Нахождение неизвестных функций, определяемых дифференциальными уравнениями, и является основной задачей <u>теории дифференциальных уравнений</u>.

Текст 4: разговорно-бытовой стиль

Пригласил нас как-то сын лесника к себе за грибами сходить, поохотиться. «Уху сварим – <u>пальчики оближешь!</u>» – пообещал он. Мы обрадовались, <u>уши развесили</u>, слушаем. А мой брат <u>голову потерял</u> от гордости. Как же! В лесу заночуем, костёр разведём! «Пойдём да пойдём, – говорил он. – Говорят, он <u>мастер рыбу ловить</u>, <u>собаку</u> на этом деле <u>съел</u>». Не знаю, каких собак он съел, а вот мы <u>попались на удочку</u>: обманул он нас. В субботу мы пошли к нему, как договорились. Пришли, а его нет.

– Вечно он <u>морочит</u> всем <u>голову</u>, – рассердился дед. – Ничего, пойдёте со мной.

И мы весь день провели с дедом. Было так хорошо: <u>ни в сказке сказать ни пером</u> <u>описать</u>.

Тема 10
ОФИЦИАЛЬНО-ДЕЛОВОЙ СТИЛЬ РЕЧИ

Задание 1

Десятиметровый, доцент Иванов, кандидат технических наук Смирнова, заведующий отделом Степанов, река Волга, город Курск, озеро Байкал, рисунок 6, таблица 5, Российская Федерация, Содружество Независимых Государств, Организация Объединённых Наций, Министерство иностранных дел, Клуб весёлых и находчивых, инженерный факультет.

Задание 2

оказать поддержку	поддержать (СВ)
устранить неисправность	исправить (СВ)
допускать ошибки	ошибаться (НСВ)
выйти из строя	сломаться (СВ)
осуществить оплату	оплатить (СВ)
поднять вопрос	спросить (СВ)
проводить работу	работать (НСВ)
привести в исполнение	выполнить (СВ)

Задание 3

1) Занятия проводились в течение *всего года.* 2) Продукты нельзя использовать по истечении *указанного срока.* 3) Благодаря *хорошей погоде* мы быстро закончили работу. 4) Согласно *приказу декана* я был переведён в другую группу. 5) В заключение *моего доклада* я хотел бы поблагодарить научного руководителя. 6) Вы можете бесплатно пользоваться этой компьютерной программой в течение *одного месяца.* 7) Благодаря *помощи друга* я быстро закончил работу. 8) Вследствие *этой аварии* в доме не было электричества.

Задание 4

1) В городе была построена новая дорога. 2) Было приобретено новое оборудование. 3) В среду была проведена контрольная работа. 4) На кафедре были разработаны новые методы контроля. 5) Студентам была оказана материальная помощь. 6) В районе было найдено новое месторождение нефти. 7) Недавно здесь было открыто новое кафе. 8) В институте было сделано научное открытие.

Задание 5

1) Окончив университет, студенты получат дипломы.
2) Решив все задачи, я получил пятёрку.
3) Подписав договор, фирма приступила к работе.

Задание 6

официально-деловой стиль	
проживать в общежитии	жить в общежитии
приступить к работе	начать работу
прекратить работу	остановить работу
завершить работу	кончить работу
отметить недостатки	найти недостатки
приобрести литературу	купить книги
выдать стипендию	дать стипендию
предоставить отпуск	дать отпуск

Задание 7

	официально-деловой стиль
вечерники	студенты вечернего обучения
маршрутка	маршрутное такси
безнал	безналичный расчёт
почасовка	почасовая оплата

Тема 11

РАЗГОВОРНЫЙ СТИЛЬ РЕЧИ

Задание 1

1) У него бабушка говорила по-итальянски. 2) У неё очень строгие родители. 3) У меня собака не любит этот корм. 4) У них дача в Тверской области. 5) У меня у сестры двое детей. 6) У меня к соседу всё время приезжают родственники. 7) У меня от дома до работы – 40 минут на автобусе. 8) У него с другом случилась такая же история.

Задание 2

1) вообще говоря = надо сказать; 2) надо сказать = вообще говоря; 3) естественно = разумеется = конечно = само собой; 4) более того = главное; 5) конечно = безуслов- но = разумеется = естественно; по-моему = по моему мнению = мне кажется = я думаю; 6) представляешь = к моему удивлению; само собой = естественно = разумеется = конечно; 7) как говорится = иными словами; 8) по слухам = говорят; 9) к счастью = очень удачно; 10) во-первых = прежде всего; 11) понимаешь = представляешь; 12) ясное дело = естественно = разумеется = конечно = само собой; 13) возможно = может быть.

Задание 4

1) Где теперь живёт Марина? 2) Ты видел мой новый компьютер? 3) Бабушка Наташи готовит очень вкусный борщ! 4) А когда будет контрольная по грамматике? 5) Муж сестры купил новую машину. 6) Дай мне чистое полотенце. 7) Знаешь, что сказал декан? 8) Я хорошо знаю эту девушку. 9) Не знаешь, где мой словарь?

Задание 7

1) Мальчик/девочка, как тебя зовут? 2) Молодой человек / девушка, будьте добры, счёт! / Молодой человек/девушка, можно счёт? 3) Извините, пожалуйста, как проехать в центр? 4) Простите/извините, вы забыли кошелёк! 5) Извините, вы не покажете мне, где находится деканат?

Задание 8

1) Дорогая Машенька! (Дорогой Мишенька!) 2) Дорогие Наденька и Серёжа! 3) Дорогой Коля! (Дорогая Леночка!) 4) Дорогой Александр Иванович! 5) Уважаемый Михаил Петро- вич! 6) Глубокоуважаемый/Уважаемый Владимир Михайлович! 7) Уважаемый господин редактор! 8) Уважаемый господин Шмидт!

Задание 9б

1) Привет! Как дела? Как муж, дети? Ты прекрасно выглядишь! Тебе очень идёт это платье!
2) Привет! Как настроение и самочувствие? Как семья?
3) Добрый день! Вы, как всегда, прекрасно выглядите!
4) Как жизнь? Как настроение? Что новенького?

Задание 10

1) Пожалуйста. 2) Да, конечно. 3) Пожалуйста. 4) Спасибо. 5) Извините, пожалуйста. 6) Конечно-конечно. 7) К сожалению, не могу вам помочь. 8) Так и быть. 9) Ни за что! 10) Ну ладно, что поделаешь! 11) Так и быть. 12) Извините, пожалуйста. 13) С удовольствием. 14) Да, пожалуйста. 15) Да, конечно. 16) Не сомневайся. 17) Спасибо.

Задание 11

1) Пожалуйста! Не за что! 2) Ну что вы, какие пустяки! 3) Был рад помочь. 4) Оставьте! Не стоит благодарности! 5) Вы их заслужили. 6) Оставьте! Не за что! 7) Да это ерунда! 8) На здоровье! 9) Рад, что вам понравилось.

Задание 12

1) Ну что вы! 2) Ничего! 3) Ничего страшного! 4) Забудь! 5) Оставьте! Это мелочи! 6) Ничего-ничего. 7) Не стоит извиняться. 8) Бросьте! Какие пустяки!

Задание 14

1) Ничего! 2) Ну что вы! Какие пустяки! 3) Ну что вы! Не стоит извиняться! 4) Ничего страшного! 5) Оставьте! Ничего страшного! 6) Забудь! Это мелочи! 7) Ничего страшного! 8) Бросьте! Не стоит извиняться! 9) Оставь! Я уже не сержусь.

Задание 16

1) Счастливого пути! Хорошего вам отдыха! 2) До свидания! Спасибо за теплый приём! 3) Всего доброго! Заходите к нам ещё! 4) До свидания! Спасибо, что навестил! 5) Ни пуха ни пера! 6) До свидания! Не забывай, звони! 7) До свидания! Спасибо вам за всё! 8) Пока! До вечера!

Задание 18

1) Бедный! Ложись скорее в постель! 2) Мне тебя так жалко! Но ты отдохнёшь и всё будет хорошо. 3) Не принимай близко к сердцу! Выбрось всё из головы! 4) Не огорчайся, всё обойдётся!

Задание 19

1) Не расстраивайтя, в следующий раз тебе повезёт! 2) Я тебя так понимаю! У меня вчера весь день болела. 3) Не волнуйся, всё будет хорошо!

Задание 20

1) Ничего, надо попробовать ещё раз поговорить с ней. Вот увидишь, вы с ней помиритесь. 2) Попробуй написать ему письмо – вот увидишь, всё у вас будет хорошо. 3) Возьми себя в руки и начинай работать. Всё у тебя получится!

Задание 21

1) Всё у тебя получится. 2) Не беспокойся, ты отдохнёшь и всё сделаешь. 3) Не нервничай, он мог просто забыть. Всё образуется!

Учебное издание

Будильцева Марина Борисовна
Новикова Наталья Степановна
Пугачёв Иван Алексеевич
Серова Людмила Константиновна

КУЛЬТУРА РУССКОЙ РЕЧИ

Учебное пособие для изучающих русский язык как иностранный

Редактор: *М.В. Питерская*
Корректор: *Г.Л. Семёнова*
Компьютерная вёрстка: *Е.О. Бессонова*

Формат 70×90/16.   Объём 14,5 п. л.   Тираж 1500 экз.
Подписано в печать 02.05.2012.   Заказ 218

Издательство ЗАО «Русский язык». Курсы
125047, Москва, 1-я Тверская-Ямская ул., д. 18
Тел./факс: +7(499) 251-08-45; тел.: +7(499) 250-48-68
e-mail: russky_yazyk@mail.ru; rkursy@gmail.com; ruskursy@mail.ru;
ruskursy@gmail.ru
www.rus-lang.ru

Отпечатано с готового оригинал-макета издательства
в типографии ФГБНУ «Росинформагротех»,
141261, пос. Правдинский Московской обл., ул. Лесная, 60
Тел. (495) 933-44-04

Т.Н. Базванова
Т.К. Орлова

БИЗНЕС-КОРРЕСПОНДЕНЦИЯ

Пособие по обучению деловому письму для изучающих русский язык как иностранный

Учебное пособие предназначено для иностранных учащихся, владеющих русским языком на базовом уровне. Оно поможет развить навыки деловой письменной речи и научиться составлять деловые документы.

В книге содержатся образцы деловых бумаг: стандартных документов, бланков, различных писем. Грамматический комментарий, упражнения и тексты, включённые в пособие, позволяют заниматься по нему как с преподавателем, так и самостоятельно.

Пособие подготовлено в соответствии с современными образовательными стандартами.

Т.Е. Аросева

НАУЧНЫЙ СТИЛЬ РЕЧИ

Пособие по русскому языку для студентов-иностранцев технических вузов

Цель пособия — обучение языку специальности студентов технических вузов — будущих иженеров.

Книга состоит из вводной и основной частей. В вводной части представлен материал, предваряющий начало занятий по математике, химии, физике на подготовительном факультете. Материал основной части подразделяется на 11 тем, каждая из которых включает тексты и задания к ним, направленные на развитие навыков устной речи и обучение чтению с последующим конспектированием прочитанного. В книгу включён словарь с переводом лексики пособия на английский, французский, испанский, арабский языки.

Предназначается для студентов технических вузов при изучении основ научного стиля речи.